LUGHNASADH

Los ocho sabbats

LUGHNASADH

*Una completa guía para la celebración de Lammas:
la festividad de la primera cosecha*

Melanie Marquis

Traducción de Miguel Trujillo Fernández

Translated from *Lughnasadh. Rituals, Recipes* & Lore for Lammas
© 2015, Melanie Marquis
Published by Lewellyn Publications
Woodbury, MN, 55125, USA
www.lewellyn.com

© Melanie Marquis, 2023
© Traducción: Miguel Trujillo Fernández
© Editorial Almuzara, s. l., 2023

Primera edición: julio 2023

Editorial Arcopress • Colección Los ocho sabbats
Edición: Pilar Pimentel
Corrección y maquetación: Helena Montané

www.arcopress.com
Síguenos en @Arcopresslibros

Editorial Almuzara
Parque Logístico de Córdoba. Ctra. Palma del Río, km 4
C/8, Nave L2, n.º 3, 14005 - Córdoba

Imprime Romanyà Valls
ISBN: 978-84-11314-81-7
Depósito legal: CO-1109-2023
Hecho e impreso en España - *Made and printed in Spain*

Índice

LOS OCHO SABBATS

La colección *Los ocho sabbats* proporciona instrucciones e inspiración para honrar cada uno de los sabbats de la brujería moderna. Cada título de esta serie de ocho volúmenes está repleto de hechizos, rituales, meditaciones, historia, sabiduría popular, invocaciones, adivinaciones, recetas, artesanía y mucho más. Son libros que exploran tanto las tradiciones antiguas como las modernas, a la hora de celebrar los ritos estacionales, que son las verdaderas piedras angulares del año de la bruja.

Hoy en día, los wiccanos y muchos neopaganos (paganos modernos) celebran ocho sabbats, es decir, festividades; ocho días sagrados que juntos componen lo que se conoce como la Rueda del Año, o el ciclo de los sabbats. Cada uno de los cuales se corresponde con un punto de inflexión importante en el viaje anual de la naturaleza a través de las estaciones.

Dedicar nuestra atención a la Rueda del Año nos permite sintonizar mejor con los ciclos energéticos de la naturaleza y escuchar lo que esta nos está susurrando (¡o gritando!), en lugar de ir en contra de las mareas estacionales. ¿Qué mejor momento para el comienzo de nuevos proyectos que la primavera, cuando la tierra vuelve a despertar después de un largo invierno y, de pronto, todo comienza a florecer, a crecer y a brotar del suelo otra vez? Y, ¿acaso hay una mejor ocasión para meditar y planificar que durante el letargo introspectivo del invierno? Con la colección *Los ocho sabbats* aprenderás a centrarte en los aspectos espirituales de la Rueda del Año, a cómo transitar por ella en armonía, y celebrar tu propio crecimiento y tus logros. Tal vez, este sea tu primer libro sobre Wicca, brujería o paganismo, o la incorporación más reciente a una librería (digital o física) ya repleta de conocimiento mágico. En cualquier caso, esperamos que encuentres aquí algo de valor que puedas llevarte contigo en tu viaje.

Haz un viaje a través de la Rueda del Año

Cada uno de los ocho sabbats marca un punto importante de los ciclos anuales de la naturaleza. Se representan como ocho radios situados de forma equidistante en una rueda que representa el año completo; las fechas en las que caen también están situadas de forma casi equidistante en el calendario.

La Rueda está compuesta por dos grupos, cada uno de cuatro festividades. Hay cuatro festivales solares relacionados con la posición del sol en el cielo, que dividen el año en cuartos: el equinoccio de primavera, el solsticio de verano, el equinoccio de otoño y el solsticio de invierno. Todos ellos se fechan de forma astronómica y, por lo tanto, varían ligeramente de un año a otro.

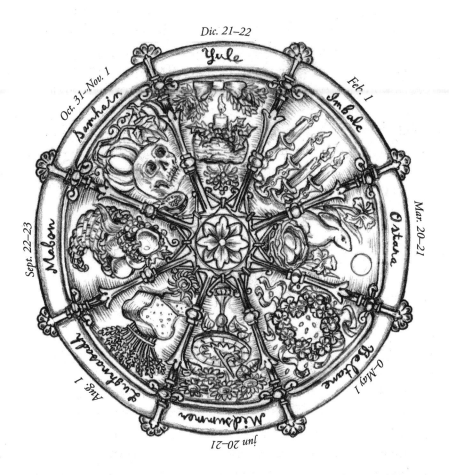

Rueda del Año - hemisferio norte
(Todas las fechas de los solsticios y los equinoccios son aproxi-
madas, y habría que consultar un almanaque o un calenda-
rio para averiguar las fechas correctas de cada año)

N

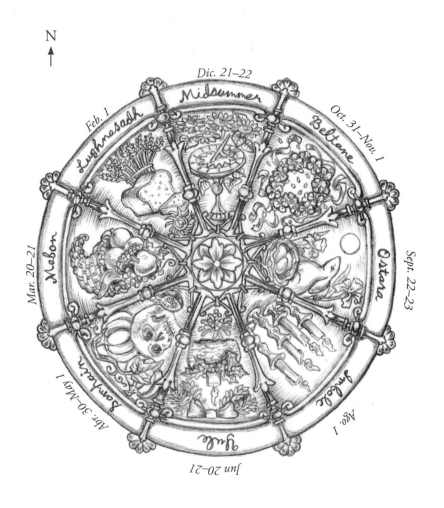

Dic. 21–22
Midsummer
Oct. 31–Nov. 1
Beltane
Sept. 22–23
Ostara
Ago. 1
Imbolc
Jun 20–21
Yule
Abr. 30–May 1
Samhain
Mar. 20–21
Mabon
Feb. 1
Lughnasadh

Rueda del Año - hemisferio sur

Entre estas festividades se encuentran las festividades de mitad del cuarto, o festivales del fuego: Imbolc, Beltane, Lughnasadh y Samhain. Las festividades estacionales a veces se conocen como Sabbats menores, y las de mitad de estación como Sabbats mayores, aunque ningún ciclo es «superior» a otro. En el hemisferio sur, las estaciones son opuestas a las del hemisferio norte y, por lo tanto, los sabbats se celebran en fechas diferentes.

Aunque el libro que estás leyendo se centra solo en el Lughnasadh, puede resultar útil saber cómo encaja dentro del ciclo en su totalidad.

El solsticio de invierno, también conocido como Yule o festividad de mitad del invierno, tiene lugar cuando la noche ha alcanzado su duración máxima; después de este, la duración de los días comenzará a incrementarse. Aunque la fría oscuridad está sobre nosotros, ya se aviva la esperanza de los días más luminosos que están por llegar. En la tradición wiccana, este es el momento en el que nace el joven dios solar. En algunas tradiciones neopaganas, este es el momento en el que el Rey del Acebo está destinado a perder la batalla contra su hermano más luminoso, el Rey del Roble. Se encienden velas, se degustan manjares, y se traen a la casa plantas perennes como recordatorio de que, a pesar de la crudeza del invierno, la luz y la vida siempre prevalecen.

Durante el Imbolc (que también se puede escribir «Imbolg»), el suelo empieza a descongelarse, lo que indica que ya es el momento de comenzar a preparar los campos para la temporada de sembrado que se aproxima. Comenzamos a despertar de nuestros meses de introspección y empezamos a organizar lo que hemos aprendido durante ese tiempo, además de dar los primeros pasos para hacer planes de cara al futuro. Algunos wiccanos también bendicen velas durante el Imbolc, otra forma simbólica de invocar a la luz, que ahora es ya perceptiblemente más fuerte.

En el equinoccio de primavera, también conocido como Ostara, la noche y el día vuelven a tener la misma duración y, a partir de entonces, los días comenzarán a ser más largos que las noches. El equinoccio de primavera es un momento de renovación, de plantar semillas ahora que la tierra ha vuelto a la vida una vez más. Decoramos huevos como símbolo de esperanza, vida y fertilidad, y realizamos rituales para cargarnos de energía con la que poder encontrar el poder y la pasión para vivir y crecer.

En las sociedades agrícolas, el Beltane señalaba el comienzo del verano. Se sacaba al ganado a pastar en abundantes prados, y los árboles se llenaban de flores hermosas y fragantes. Se realizaban rituales para proteger las cosechas, el ganado y la gente. Se encendían fuegos y se hacían ofrendas con la esperanza de conseguir la protección divina. En la mitología wiccana, el dios joven fecundaba a la diosa joven. Todos tenemos algo que queremos cosechar para cuando acabe el año, planes que estamos decididos a cumplir, y el Beltane es un momento estupendo para poner en marcha ese proceso de forma entusiasta.

El solsticio de verano es el día más largo del año. También se llama Litha, la festividad de mitad del verano. Las energías del sol están en su cúspide, y el poder de la naturaleza se encuentra en su punto más álgido. En la tradición wiccana, este es el momento en el que el dios solar es más fuerte que nunca (de modo que, de forma paradójica, su poder ya solo puede comenzar a disminuir) tras haber fecundado a la diosa doncella, que se transforma entonces en la Madre Tierra. En algunas tradiciones neopaganas es aquí cuando el Rey del Acebo vuelve a enfrentarse a su aspecto más luminoso, y, en esta ocasión, vence al Rey del Roble. Por lo general, se trata de un momento de grandes alegrías y celebraciones.

En el Lughnasadh, la cosecha principal del verano ya ha madurado. Realizamos celebraciones, participamos en juegos, expresamos la gratitud que sentimos y disfrutamos de los festines que preparamos. También se conoce como Lammas, y es el momento en el que celebramos la primera cosecha; ya sea relativa a los cultivos que hemos plantado o los frutos que han dado nuestros primeros proyectos. Para celebrar la cosecha de grano, a menudo se hornea pan durante este día.

El equinoccio de otoño, también conocido como Mabon, señala otro importante cambio estacional y una segunda cosecha. El sol brilla por igual en ambos hemisferios, y la duración de la noche y del día es la misma. Después de este momento, las noches comenzarán a ganar terreno a los días. En conexión con la cosecha, este día se celebra un festival de sacrificio al dios moribundo, y se paga un tributo al sol y a la tierra fértil.

Para el pueblo celta, el Samhain señalaba el comienzo de la estación del invierno. Este era el momento en el que se sacrificaba al ganado y se recogía la cosecha final antes de la inevitable caída a las profundidades de la oscuridad del invierno. Se encendían fuegos para guiar en su camino a los espíritus errantes, y se hacían ofrendas en nombre de los dioses y de los antepasados. El Samhain se veía como un comienzo, y hoy en día se suele considerar el Año Nuevo de las brujas. Honramos a nuestros antepasados, reducimos nuestras actividades, y nos preparamos para los meses de introspección que están por delante... y el ciclo continúa.

La relación del pagano moderno con la Rueda

El paganismo moderno se inspira en muchas tradiciones espirituales precristianas, lo cual queda ejemplificado en la Rueda del Año. El ciclo de los ocho festivales que reconocemos a través del paganismo moderno nunca se celebró por completo en ninguna cultura precristiana en particular. En los años cuarenta y cincuenta, un hombre británico, llamado Gerald Gardner, creó la nueva religión de la Wicca mezclando elementos de una variedad de culturas y tradiciones, a través de la adaptación de prácticas de religiones precristianas, creencias animistas, magia popular y distintas disciplinas chamánicas y órdenes esotéricas. Combinó las tradiciones multiculturales de los equinoccios y los solsticios con los días festivos celtas y las primeras celebraciones agrícolas y pastorales de Europa para crear un modelo único que se convirtió en el marco del año ritual de la Wicca.

Los wiccanos y las brujas, así como muchos paganos eclécticos de diversa índole, siguen de forma popular el año ritual wiccano. Algunos paganos tan solo celebran la mitad de los sabbats, ya sean los de los cuartos o los que se sitúan en mitad del cuarto. Otros paganos rechazan la Rueda del Año en su totalidad y siguen un calendario de festivales basado en la cultura del camino específico que sigan, en lugar de un ciclo agrario basado en la naturaleza.

Todos tenemos unos caminos tan singulares en el paganismo que es importante no dar por hecho que el camino de los demás será el mismo que el nuestro; mantener una actitud abierta y positiva es lo que hace prosperar a la comunidad pagana.

Muchos paganos adaptan la Rueda del Año a su propio entorno. La Wicca ha crecido hasta convertirse en una auténtica religión global, pero pocos de nosotros vivimos en un clima que refleje los orígenes de la Wicca en las islas británicas. Aunque tradicionalmente el Imbolc es el comienzo del deshielo y el despertar de la tierra, puede ser el punto más álgido del invierno en muchos climas del norte. Y, aunque el Lammas pueda ser una celebración de agradecimiento por la cosecha para algunos, en áreas propensas a las sequías y a los fuegos forestales puede ser una época del año peligrosa e incierta.

También hay que tener en cuenta los dos hemisferios. Cuando es invierno en el hemisferio norte, es verano en el hemisferio sur. Mientras los paganos de América del Norte están celebrando el Yule y el Solsticio de Invierno, los paganos de Australia celebran el festival de mitad del verano. Las propias experiencias vitales del practicante son más importantes que cualquier dogma escrito en un libro cuando se trata de celebrar los sabbats.

En línea con ese espíritu, tal vez desees retrasar o adelantar las celebraciones, de modo que sus correspondencias estacionales encajen mejor con tu propio entorno, o puede que quieras enfatizar distintos temas para cada sabbat según tus propias experiencias. Esta serie de libros debería ayudarte a que dichas opciones te resulten fáciles y accesibles.

Sin importar el lugar del globo en el que vivas, ya sea en un entorno urbano, rural o suburbano, puedes adaptar las tradiciones y las prácticas de los sabbats de modo que encajen con tu propia vida y con tu entorno. La naturaleza nos rodea por todas partes; por mucho que los seres humanos intentáramos aislarnos de los ciclos de la naturaleza, estos cambios estacionales recurrentes son ineludibles. En lugar de nadar contracorriente, muchos paganos modernos abrazamos las energías únicas que hay en cada estación, ya sean oscuras, luminosas o algo intermedio, e integramos esas energías en los aspectos de nuestra propia vida diaria.

La serie de *Los ocho sabbats* te ofrece toda la información que necesitas para hacer precisamente eso. Cada libro será parecido al que tienes ahora entre las manos. El primer capítulo, *Las tradiciones antiguas*, comparte la historia y la sabiduría que se han ido transmitiendo desde la mitología y las tradiciones precristianas, hasta cualquier vestigio que todavía quede patente en la vida moderna. *Las tradiciones modernas* abordan esos temas y elementos y los traducen a las formas bajo las que muchos paganos modernos festejan y celebran cada sabbat. El siguiente capítulo se centra en *Hechizos y adivinación*; se trata de fórmulas apropiadas para la estación y basadas en la tradición popular, mientras que el siguiente, *Recetas y artesanía*, te ofrece ideas para decorar tu hogar y hacer artesanía y recetas que aprovechen las ofrendas estacionales. El capítulo *Oraciones e invocaciones* te proporciona llamamientos y oraciones, ya preparados, que puedes emplear en rituales, meditaciones o en tu propia introspección. El capítulo de los *Rituales de celebración* te proporciona tres rituales completos: uno para realizar en solitario, otro para dos personas, y otro para un grupo completo, como un aquelarre, círculo o agrupación. Siéntete libre de adaptar todos los rituales o alguno de ellos a tus propias necesidades, sustituyendo tus propias ofrendas, llamamientos, invocaciones, hechizos mágicos y demás. Cuando planees un ritual en grupo, trata de prestar atención a cualquier necesidad especial que puedan tener los participantes. Hay muchos libros maravillosos disponibles que se adentran en los detalles específicos de hacer los rituales más accesibles si no tienes experiencia en este ámbito.

Por último, en la parte final de cada título encontrarás una lista completa de correspondencias para la festividad, desde los temas mágicos y las deidades hasta comidas, colores, símbolos y más. Para cuando termines este libro, tendrás la inspiración y los conocimientos necesarios para celebrar el sabbat con entusiasmo.

Honrando la Rueda del Año reafirmamos nuestra conexión con la naturaleza de modo que, mientras continúa con sus ciclos infinitos, seamos capaces de dejarnos llevar por la corriente y disfrutar del trayecto.

LAS TRADICIONES
ANTIGUAS

...energy, birth, renewal, rejuvenation, balance, fertility, change

...eth, vernal equinox, sun enters Aries, Libra in the Sou...

...n Man, Amalthea, Aphrodite, Blodeuwedd, Eostre, Eo...

...lora, Freya, Gaia, Guinevere, Persephone, Libera, M...

...t Unug, Vila, Aengus MacOg, Cernunnos, Herma, The...

...Mabon Osiris, Pan, Thor, abundance, growth, health, ca...

...aling, patience understanding virtue, spring, honor, contentm...

...abilities, spiritual truth, intuition, receptivity, love, inner se...

...ment, spiritual awareness, purification, childhood, innocence...

...creativity, communication, concentration, divination, harmo...

...ties, prosperity, attraction, blessings, happiness, luck, money...

...dance, visions, insight, family, wishes, celebrating life cy...

...hip, courage, attracts love, honesty, good health, emotions,...

...rovement, influence, motivation, peace, rebirth, self preserva...

...e power, freedom, optimism, new beginnings, vernal equinox...

...tion, sun, apple blossom, columbine, crocus, daffodil, daisy...

...honeysuckle, jasmine, jonquil, lilac, narcissus, orange blossom...

...rose, the fool, the magician, the priestess, justice, the sta...

...thering, growth, abundance, eggs, seeds, honey, doll, aspen...

El Lughnasadh (pronunciado Lú-na-sa) es la primera de las tres celebraciones de la cosecha en la rueda pagana del año. Suele celebrarse desde la puesta de sol del 31 de julio hasta la puesta de sol del 1 de agosto, aunque algunos la celebran el 5 o el 6 de agosto o alrededor de esa fecha, en lo que se conoce como «Viejo Lammas» o «Lammas a la antigua». La fiesta también puede programarse de forma astrológica para que coincida con el punto en el que Leo alcanza los 15 grados respecto a la posición del sol. El calendario agrícola también es una opción, ya que el Lughnasadh podría celebrarse cuando los primeros frutos de la cosecha comienzan a madurar en su propio jardín o en las tierras de cultivo regionales. En Irlanda, el 1 de agosto se celebraba como Lugnasad, y en Escocia se llamaba Lunasda o Lunasdal. En la Isla de Man el día se llamaba Luanistyn, y en Gales se celebraba como Gwyl Awst, o «Fiesta de Augusto». En Inglaterra se llamaba Lammas, una derivación del inglés antiguo *hlafmaesse*, que literalmente significa «misa del pan».

Originario de Irlanda, el Lughnasadh (o Lugnasad) obtiene su nombre de la deidad celta Lugh (pronunciado como LU), a veces escrito como Lug. En tiempos modernos, se suele pensar en Lugh como una deidad solar y dios de la cosecha, pero originalmente parece que era concebido como un dios de la habilidad humana, de los reyes y patrón de los héroes (Hutton, 327). Lugh era el rey de los *Tuatha de Danaan*, una raza de seres divinos cuyo nombre se traduce como «pueblo de la diosa Danu». Danu era una diosa madre asociada con el agua, la tierra, la fertilidad y la victoria. Con la ayuda de Lugh, los seguidores de Danu consiguieron desplazar a los Fir Bolg y a los Fomoiri, la casta anterior de gobernantes divinos que eran retratados en los mitos irlandeses como seres monstruosos. A Lugh se le atribuyó una gran habilidad en la artesanía y la guerra y, con el tiempo, llegó a equipararse al dios romano Mercurio (Futrell, 105).

En *The festival of Lughnasa*, el exhaustivo estudio de Mary MacNeill sobre las costumbres celtas tradicionales del Lughnasadh, la autora llegó a la conclusión de que lo más probable es que el festival consistiera originalmente en una mezcla de ceremonias, banquetes y teatros rituales celebrados normalmente en las cimas de las colinas o a orillas del agua. Probablemente, según la autora, existía un ritual en el que los primeros frutos de la cosecha de grano se llevaban a la cima de una colina y se enterraban a modo de ofrenda. La autora también señala como práctica común el sacrificio de un toro y una ceremonia en la que se utilizaba la piel del animal, así como una obra de teatro ritual en la que se relataba el triunfo de Lugh sobre la peste o la hambruna y en la que una persona que interpretaba el papel de este rey de los seguidores de Danu colocaba una cabeza humana en la cima de una colina. A esto seguían tres días de festividades. Según MacNeill, los festines a base de arándanos, de la carne del toro sacrificado y de los productos frescos de los cultivos predominantes de la cosecha (cereales en los primeros tiempos y patatas en los años posteriores) constituían el aspecto principal de las celebraciones (Hutton, 327-328).

Aunque nuestro conocimiento de las primeras celebraciones del Lughnasadh es decididamente limitado, la información que tenemos es muy interesante. Es muy curioso, por ejemplo, el hecho de que a veces se entiende el Lughnasadh como la fiesta nupcial de Lugh. Esta idea procede de una referencia en una versión del siglo XV del *Tochmarc Emire*, una saga irlandesa medieval. El manuscrito hace referencia al *banais rigi* de Lugh, es decir, el banquete nupcial de la realeza, aunque el manuscrito no hace mención específica a la unión concreta de Lugh con nadie en particular. Irlanda tenía, de hecho, una larga tradición de vincular la realeza a la unión con la figura de una diosa. La realeza se legitimaba a menudo mediante el matrimonio con una mujer de linaje real y, como tales, estas mujeres se asociaban con las diosas y eran vistas como sacerdotisas o encarnaciones de la propia deidad. Las descripciones literarias de tales banquetes nupciales de la realeza suelen incluir un elemento sexual y la administración de una bebida especial por parte de la «diosa» al nuevo rey. El banquete nupcial de la realeza de Lugh podría entenderse como símbolo de una coronación: él se une a la diosa (la tierra), y su gobierno sobre ella se legitima a través del proceso (Talcroft, 26-28).

Más comúnmente, sin embargo, se hace referencia al Lughnasadh no como un banquete de boda, sino como los juegos funerarios de Lugh celebrados en honor de su madrastra Tailtiu (pronunciado como Tál-chi-u). Tailtiu fue la esposa del último rey de los Fir Bolg. Cuando los Fir Bolg fueron derrocados, Tailtiu volvió a casarse con un miembro de la nueva clase dominante, los Tuatha de Danaan (Roy, 254). Según la leyenda, Tailtiu murió de agotamiento tras limpiar los campos de Irlanda para la agricultura, y Lugh inició la Feria de Tailteann en su honor como una festividad a modo de velatorio que incluía banquetes, juegos y deportes. Si los juegos fueron o no realmente iniciativa del propio Lugh seguirá siendo un misterio, pero es un hecho documentado que un evento llamado la Feria de Tailteann se celebraba anualmente el primero de agosto en una localidad a medio camino entre Navan y Kells, cerca de una supuesta tumba de la legendaria Tailtiu en lo que hoy es el condado de Meath, en Irlanda (Joyce, 438). La fiesta, que se remonta al menos al siglo VI, reunía a gentes de toda Irlanda y Escocia (Roy, 253). Popular por sus juegos atléticos, un informe de la feria escrito en 1169 relata que solo los caballos y los carros que se reunieron para presenciar el espectáculo se extendían en una línea de casi diez kilómetros de longitud (Joyce, 439). Los deportes de competición no eran los únicos entretenimientos de la Feria de Tailteann, que más tarde se conocería como Telltown en la zona de Blackwater. También era una época de romanticismo, en la que se concertaban noviazgos entre los jóvenes disponibles y a menudo se celebraban *in situ* ceremonias para formalizar las nuevas uniones (Joyce, 438-441).

El Lughnasadh era una época popular para los matrimonios de prueba, que eran uniones temporales que duraban un año y un día hasta el final de la siguiente feria, momento en el que la unión podía disolverse si así se deseaba. Tales uniones se denominan a veces matrimonios Telltown. Las uniones de manos (un tipo de ceremonia matrimonial pagana) eran bastante comunes durante el Lughnasadh, a través de las cuales se forjaban uniones más permanentes que las temporales de prueba. La pareja que se desposaba reunía a los testigos, y entonces ambos miembros juntaban sus manos derechas e intercambiaban votos de devoción mutua. A menudo se intercambiaban regalos entre los cónyuges, que adoptaban diversas formas, desde anillos y monedas de oro hasta cintas rojas, guantes y palillos de dientes de plata (Thompson).

Aunque podría decirse que es la más famosa, la Feria de Tailteann no era ni mucho menos la única feria de agosto conocida en Irlanda. Una feria similar se celebraba en Carman, en el actual condado de Kildare. La leyenda local cuenta que Carman era el nombre de la madre de una fuerza invasora que amenazaba Irlanda. Según la tradición, y en forma de castigo, Carman murió como rehén, de este modo los locales trataron de garantizar que los invasores no regresarían. Dando credibilidad al relato, los arqueólogos descubrieron cerca del lugar los restos de una joven que parece haber sido enterrada viva (Roy, 254). Puede resultarnos extraño que se celebre una feria cerca de una tumba, pero parece que entonces se preferían esos lugares. Las ferias de Lughnasadh solían celebrarse cerca de los túmulos funerarios de heroínas femeninas míticas y divinas como Tailtiu o Carman. Un antiguo poema que habla de la feria de Carman ilustra bien su importancia y atractivo:

> *El renombrado campo es el cementerio de los reyes,*
> *el bien amado de entre los nobles;*
> *hay muchos túmulos de reunión,*
> *por sus siempre amadas huestes ancestrales.*
> *Para llorar a las reinas y a los reyes,*
> *para denunciar la agresión y la tiranía,*
> *A menudo fueron las huestes hermosas en otoño*
> *sobre la tersa frente de la noble y vieja Carman.*
> *(O'Curry y Sullivan, 530)*

Se celebraban siete carreras en cada uno de los días de la feria de Carman; el último día estaba reservado para las carreras de caballos y otros concursos equinos. Había un mercado de alimentos y ropa, un mercado de ganado y un mercado dedicado a la venta de productos exóticos y al comercio de oro y plata del extranjero. Durante la feria también se debatían y resolvían asuntos de leyes y derechos para la provincia (ibid.).

De hecho, este tipo de ferias eran bastante comunes en Irlanda. En Leinster se celebraba una gran feria una vez cada tres años, que comenzaba en el Lughnasadh y terminaba el 6 de agosto. Un poema del *Libro de Leinster*, escrito hacia el año 1000, advierte de que la canicie precoz, la calvicie, el desgobierno y otras desgracias podrían acontecer a quienes descuidaran la celebración de la feria una vez cada tres años, como decretaba la tradición que debía hacerse. Por otro lado, el poema promete que, si la feria se celebraba con regularidad, el pueblo podía esperar bendiciones de abundancia y prosperidad en forma de maíz, leche, fruta, pescado y otra clase de buena fortuna. La feria de Leinster reunía a gentes de muchos distritos, y los jefes o reyes subalternos de varias provincias acudían a la celebración que duraba seis días. Los juegos y la competición eran los eventos principales de la feria, con concursos de equitación, carreras de carros, competiciones entre nobles, juegos especiales para mujeres y mucho más (Joyce, 438-441). Las ferias del Lughnasadh solían mantener un tono generalmente serio y formal; a veces se separaba a las mujeres de los hombres en distintas zonas del recinto ferial para promover la moralidad y ayudar a reducir las posibilidades de que se produjeran orgías espontáneas (Roy, 253-254).

Para los que no podían asistir a las ferias, había también muchas otras formas de celebrar. La magia de protección, por ejemplo, se practicaba de manera frecuente. Se llevaba a los caballos y al ganado a caminar por el agua como medio para purificar a los animales y para bendecirlos, ya que los ríos y otras fuentes de agua eran considerados sagrados por los irlandeses, especialmente en la época del Lughnasadh. Otras costumbres destacadas tenían que ver con los primeros frutos de la cosecha, que se ofrecían a los espíritus divinos o se comían de forma ceremonial. Los festines compuestos por comidas compartidas en cuya elaboración colaboraban todos los participantes eran una parte importante de las celebraciones, y a menudo los eventos incluían también bailes, así como exhibiciones de combate interpretativo. Como símbolos de fertilidad y abundancia, se colgaban guirnaldas de flores a modo de decoración, y los asistentes también las llevaban sobre su propio cuerpo (Futrell, 104-105).

Otro nombre para el Lughnasadh en Irlanda era Bron-trogain. *Bron* significaba «hacer brotar», y *trogain* significaba «la tierra» o «el suelo», por lo que Bron-trogain representaba el hecho de hacer brotar los frutos de la tierra, es decir, la cosecha. *Bron* también significaba la idea de la pena o la angustia, lo que daba al nombre Bron-trogain otra capa de misterio y significado. Hay una línea en un antiguo cuento irlandés llamado «El cortejo de Emer» que dice de Bron-trogain: «Es entonces cuando la tierra se aflige bajo [el peso de] sus frutos» (Joyce, 389).

En la segunda mitad del siglo V, las tribus germánicas procedentes del sur de Dinamarca y Alemania empezaron a emigrar a algunas partes de Gran Bretaña, estableciendo lo que llegó a conocerse como la cultura anglosajona. A medida que los recién llegados se adaptaban a las costumbres locales y al clima del lugar, las tradiciones inevitablemente se mezclaron y cambiaron. Tal vez influidas por el Lughnasadh celta, las tribus germánicas que emigraron a Gran Bretaña empezaron a celebrar a principios de agosto la fiesta de la *hlafmaesse*, que se traduce como «misa de la hogaza», una celebración de los primeros frutos de la cosecha de trigo. Los rituales y costumbres de la cosecha no eran desconocidos en la historia temprana de Alemania y Dinamarca, pero no fue hasta que los anglosajones establecieron su cultura en Gran Bretaña que empezaron a celebrar una fiesta de la cosecha a principios de agosto. Originalmente, la *hlafmaesse* estaba dedicada a divinidades paganas, pero a medida que los pueblos germánicos se convirtieron al cristianismo, la festividad fue absorbida por los ritos de la Iglesia como la Fiesta de las Primicias, un día en el que se horneaba pan con los primeros granos de la cosecha y se llevaba a la iglesia para ser bendecido y consagrado (Lipkowitz, 227). Una costumbre tradicional anglosajona para el Lammas consistía en hornear una hogaza de pan consagrada, marcada en la parte superior con el signo de la cruz. La hogaza se partía en cuatro pedazos, y los cuatro trozos se desmenuzaban posteriormente en cada una de las cuatro esquinas del granero. El encantamiento pretendía funcionar como una bendición y garantizar la protección mágica (Gomme).

A medida que la cultura anglosajona empezó a influir más en la religión celta, las costumbres del Lammas se mezclaron con las antiguas tradiciones del Lughnasadh, las absorbieron y a veces las sustituyeron, por lo que resulta bastante difícil discernir los orígenes exactos de muchas prácticas relacionadas con las celebraciones de la cosecha de principios de agosto. Al estudiar las tradiciones del sabbat de agosto en todo el Reino Unido, encontramos a menudo elementos tanto del Lughnasadh celta como del Lammas anglosajón entremezclados, como cabría esperar. Al igual que los paganos modernos celebramos el sabbat con una mezcla de tradiciones, también las generaciones del pasado combinaron las creencias y prácticas de diferentes culturas para crear ritos y rituales adecuados a su tiempo, lugar y gente.

A pesar de que las tierras celtas acabaron por impregnarse fuertemente del cristianismo, la tradición pagana de las ferias de principios de agosto continuó, y la época del Lammas continuó celebrándose con banquetes y festividades públicas. Estas ferias tenían por lo general una naturaleza agrícola o relacionada con la cosecha. Una feria que comenzó por decreto eclesiástico en 1257 en Highworth, Wiltshire, se hizo famosa como uno de los mayores mercados de ganado de la región. Los cristianos también optaron por mantener el simbolismo pagano tradicional al asociar a varios santos agrícolas con la época del sabbat de agosto. San Sidwell, un santo asociado con la agricultura, se celebra alrededor del comienzo del mes de agosto; el 31 de julio, el 2 de agosto o el 3 de agosto son algunas fechas de su onomástica. San Oswald, patrón de los pastores y las ovejas, es honrado el 5 de agosto (Groom).

En las Tierras Altas escocesas, el comienzo de agosto señalaba un momento para renovar y refrescar las protecciones mágicas de los cultivos, el ganado y otras propiedades. Se colocaban cruces de serbal sobre las puertas como medio de protección mágica, y a veces se pintaban con alquitrán las orejas y el rabo del ganado con la esperanza de garantizar su salud y seguridad. A menudo se ataban hilos rojos o azules a las colas de las vacas y se pronunciaban encantamientos sobre las ubres para ayudar a garantizar un abundante suministro de leche. Podía colocarse una bola de pelo de vaca dentro de un cubo de leche con el mismo efecto (Hutton). Se hacían pasteles especiales para el Lughnasadh, llamados *bonnach Lunastain*, o el *bannock* de Lammas. Los pasteles se comían al aire libre, a menudo en campos o valles. Siempre se acompañaba la práctica con un ritual. A medida que se comían los pasteles, se arrojaban unos trocitos por encima de los hombros, alternando de izquierda a derecha. Estos trozos de pastel se daban como ofrenda al zorro, al águila y a otros animales depredadores, y al lanzar cada trozo se hacía una súplica para que la bestia nombrada no dañara al ganado de la persona que hablaba. También se realizaban rituales similares con pasteles en el Beltane, el Samhain y el Imbolc (Carmichael, 209). En la mayoría de las zonas de Escocia, las celebraciones de agosto eran individuales y discretas, aunque en algunas localidades las costumbres eran más elaboradas y comunitarias (Hutton).

Un diario escocés publicado en 1792 describe una de estas costumbres comunitarias populares hacia mediados del siglo XVIII en Midlothian, una zona limítrofe con la ciudad de Edimburgo. Cerca del comienzo del verano, los residentes del distrito se organizaban en bandas, a veces de más de cien personas por grupo. Para cuando llegaba el Lammas, se esperaba que cada banda hubiera terminado la construcción de una torre especial. Las torres medían poco más de un metro de diámetro y rara vez superaban los dos metros o dos metros y medio de altura. Construidas con cuadrados de césped y a veces con piedras, las torres solían tener forma cuadrada en lugar de redonda, y se moldeaban de manera que quedara un agujero en el centro para poder insertar un asta de bandera. Cada banda tenía su propia bandera, que se exhibía con orgullo la mañana del Lammas. Se consideraba una gran desgracia que la torre de alguien fuera dañada por otros, por lo que las bandas vigilaban de cerca a sus congéneres cercanos. Si una banda vecina se acercaba, el grupo de la torre les hacía frente con valentía, utilizando la intimidación y a veces la lucha física real para conseguir que el grupo amenazador se rindiera. Al mediodía, todas las bandas marchaban a la aldea principal, donde eran recibidas con los elogios del resto de la comunidad. Se celebraban tres carreras y los participantes competían por el premio: un bonete adornado con una cinta que debía colocarse en lo alto de un poste, un par de ligas y un cuchillo (Gomme).

Para los pescadores de las islas Orcadas de Escocia, el Lammas significaba el final del trabajo más peligroso de la temporada estival. Era tradición entre los pescadores reunirse para un brindis final en el Lammas, en el que se pedía a los poderes superiores que abrieran las bocas de los peces y protegieran el maíz (Guthrie, 175).

En Lewis, en las Hébridas Exteriores, un grupo de islas frente a la costa de Escocia, los aldeanos solían celebrar un ritual nocturno del Lughnasadh en honor de Seonaidh, un espíritu del agua que se creía que habitaba en el mar.

Según Martin Martin, un escritor escocés fallecido en 1718, cada familia aportaba una bolsa de malta y las provisiones combinadas se convertían en cerveza de tipo *ale*. Se elegía a una persona para vadear el océano hasta que le llegara a la cintura, llevando consigo una copa de la cerveza en alto. Entonces, esa persona gritaba:

«Seonaidh, te entrego esta copa de cerveza,
esperando que tengas la bondad de enviarnos
abundantes bienes del mar para enriquecer
nuestro terreno durante el próximo año».

A continuación, se arrojaba la copa de cerveza al mar, ritual que se creía que ayudaría a garantizar una cosecha próspera en la siguiente temporada, gracias a un amplio suministro de «bienes del mar», nombre por el que se referían a unas algas marinas gruesas que se utilizaban como fertilizante. A continuación, la fiesta se trasladaba a la iglesia, donde se celebraba una vigilia en torno a una vela encendida. A una señal, la vela se apagaba y los aldeanos salían entonces a los campos para pasar una noche de alegre consumo de cerveza (Thompson).

Otra costumbre practicada en algunas partes de Escocia, así como en el norte de Inglaterra, consistía en moldear las últimas gavillas de maíz cosechadas para convertirlas en una muñeca, llamada a partir de entonces «bebé kirn (de maíz)» o «doncella kirn». Estos «bebés kirn» probablemente evolucionaron hasta convertirse en las muñecas de maíz tan conocidas, mencionadas por primera vez en Inglaterra en 1598. En ocasiones, el individuo que cortaba la última mazorca lo hacía con los ojos vendados. Una vez fabricado el muñeco de maíz, se guardaba como un amuleto mágico que se creía que traía buena suerte a las personas, los bienes y el ganado (ibid).

En la zona de Lanark y en algunos otros lugares de Escocia, se practicaba una curiosa costumbre del Lammas conocida como la Cabalgata de las Marchas. Era tradición que los magistrados, burgueses y hombres libres realizaran una cabalgata anual alrededor de las fronteras de sus territorios, que estaban señaladas con una serie de hitos llamados «piedras de marcha». La procesión de jinetes comprobaba una a una las piedras de marcha para asegurarse de que todas seguían en su sitio, y después se redactaba un informe oficial de los hallazgos que era firmado por testigos y archivado por el funcionario correspondiente (Guthrie, 90-91). Una de las piedras de marcha se colocaba en el río, y los recién llegados a la cabalgata eran sumergidos en el agua corriente como ritual de iniciación (ibid.).

Se tocaban tambores mientras avanzaba la procesión, y se colocaban estratégicamente nuevas piedras de marcha allí donde las líneas fronterizas resultaban poco claras. Se ponían escobas en los sombreros y tambores de los participantes y, cada vez que había que levantar una nueva piedra, tenía lugar un simulacro de batalla, en el que los miembros de la procesión se enfrentaban entre sí en una exhibición de combate hasta que sus armas escoba, más bien frágiles, fallaban inevitablemente y el grupo partía de buen humor (ibid., 59-61).

En algunas localidades en las que se celebraban marchas de delimitación, los jóvenes de la zona cortaban ramas de abedul y las llevaban a un lugar central de reunión, manteniendo un espíritu de algarabía y jolgorio a lo largo del camino (ibid., 79). En Linlithgow, la procesión de demarcación de límites iba precedida de un brindis por el soberano, tras el cual las copas utilizadas se arrojaban a la multitud reunida. La procesión de Linlithgow era colorida y elaborada, e incluía carruajes y bandas de comerciantes que portaban estandartes. Los campesinos iban en la retaguardia de la procesión, montados a caballo, y llevaban bonetes decorados con gran cantidad de lazos (Guthrie, 79).

En un artículo de una revista de agosto de 1882, G. Lawerence Gomme hace mención a una antigua costumbre para el Lammas de origen anglosajón cuyos ecos aún eran perceptibles en algunas partes de Inglaterra y Escocia en la época en la que lo escribió. Durante la época de cultivo agrícola, las tierras se dividían en parcelas separadas y se consideraban propiedad privada. La época del Lammas señalaba que la temporada de cultivo estaba llegando a su fin y, en algunos lugares, cualquier cultivo que quedara sin cosechar o el heno que no se hubiera recogido para entonces eran presa fácil para cualquier ratero que se esforzara en recogerlo.

En la época del Lammas, se quitaban las vallas y las tierras de cultivo privadas se convertían en zonas comunes de pastos abiertos, de uso libre para cualquiera de la comunidad. Estos pastos se llamaban a veces «tierras de Lammas» (Gomme).

El Lammas también señalaba el momento en el que se debían pagar las rentas y los diezmos (Knowlson). En Inglaterra, este diezmo se llamaba «Peter's Pence» (peniques de Peter), y exigía el pago de un penique por cada casa del país a los funcionarios eclesiásticos. La mención más antigua del impuesto procede de una carta de Roma escrita en 1031 al clero inglés. Durante el pontificado del papa Adriano, el impuesto se extendió también a Irlanda (Addis y Arnold, 656-657).

En Gales, el Gwyl Awst se celebraba con pícnics en la cima de las colinas y ferias comunitarias, así como con otras costumbres propias de las festividades celtas de principios de agosto. Una de estas tradiciones, practicada en Gales, consistía en dedicar la primera mazorca de maíz cosechada al dios Lugh y enterrarla en la cima de una colina. El pueblo disfrutaba de un festín y luego regresaba al lugar en el que el maíz había sido enterrado, donde disfrutaba de una dramática representación del triunfo de Lugh sobre el hambre. Como era habitual en otras partes del mundo celta, las celebraciones galesas también incluían juegos y competiciones deportivas, cantos, bailes y la concertación de matrimonios (Roy, 251-253).

En todo el mundo se encuentran festivales de la cosecha similares. Aunque el calendario de estas celebraciones difiere de un lugar a otro en función de las fechas de las temporadas de cultivo locales, ciertos elementos de estos festivales son tan similares entre ellos que resulta razonable considerar que la celebración de las distintas etapas de la cosecha puede ser una necesidad humana natural y una tendencia cultural que se expresa con independencia de la época, el lugar o la gente.

Por ejemplo, tenemos el caso de la tribu *hopi* del suroeste de Estados Unidos, cuyo calendario del mes de agosto estaba repleto de rituales especiales para la cosecha. La Danza Marua, también llamada Danza de la Luna de Agua o Danza de la Luna Creciente, se realizaba cada agosto con la esperanza de garantizar la fertilidad humana, el buen tiempo y una cosecha abundante. Las bailarinas (todas mujeres) llevaban tallos completos de maíz, con las raíces y mazorcas todavía unidas, y el líder del grupo llevaba un bastón de oración decorado llamado *baho*. Se creía que las plegarias inscritas en el *baho* podían ser observadas y descifradas por Muingwa, dios de la fertilidad y la germinación. Se rezaba a la deidad con la esperanza de obtener una buena cosecha y garantizar un terreno fértil para la próxima temporada de siembra. La Danza de la Serpiente se realizaba la tercera semana de agosto. Los aldeanos *hopi* salían durante cuatro días en búsqueda de serpientes, viajando al norte, este, sur y oeste para recoger estas criaturas que eran consideradas sagradas para Tawa, una deidad asociada con el sol. Se llevaba a las serpientes al poblado y se las incorporaba a una danza ritual destinada a proteger la cosecha y a garantizar un suministro adecuado de lluvia (Eaton, 63-67). Aunque los ritos de la cosecha *hopi* surgieron de forma completamente independiente de los ritos de la cosecha celtas, estas tradiciones culturales tan diferentes comparten, sin embargo, temas comunes de gratitud, esperanza, sacrificio y fertilidad agrícola.

Los pueblos indígenas del sureste de Estados Unidos también celebraban festivales de la cosecha. Las tribus *cherokee, creek, choctaw y chickasaw* celebraban el inicio de la cosecha de maíz con una ceremonia conocida como el Festival del Maíz Verde. Las fechas específicas para la ocasión diferían, ya que el festival se programaba para que coincidiera con la maduración de las primeras mazorcas de maíz. Podía celebrarse tan pronto como en primavera y tan tarde como a finales del verano, pero la mayoría de las tribus lo celebraban en algún momento entre julio y agosto. La gente de los pueblos de los alrededores se reunía en confraternidad para celebrar la abundancia y recordar el carácter sagrado de la vida. Era una época de renovación: se resolvían los conflictos, se perdonaban las deudas y las discusiones, y reinaba un ambiente de paz. Las festividades incluían cantos, bailes y discusiones sobre temas morales y éticos. Se hacían ofrendas a los dioses con un espíritu de agradecimiento y, a menudo, se disfrutaba de un banquete (Cooke).

Las celebraciones de la cosecha también son comunes en África. En algunas partes de África Occidental, por ejemplo, se celebra un importante festival a principios de agosto para señalar el comienzo de la recolección del ñame. En Nigeria, el Festival del Nuevo Ñame es un acontecimiento cultural anual que dura dos días, y que tiene su origen en las creencias de las tribus indígenas ibo y yoruba. Para los ibo, el festival se llama Iri Ji, ya que *ji* significa ñame; mientras que los yoruba llaman al festival Eje. Cantos, bailes, tambores y un desfile son elementos destacados de las festividades, que llevan implícitas connotaciones espirituales. Se dan las gracias a las deidades y espíritus de la tierra y el cielo por la bendición de la cosecha de ñame, y, a continuación, se recogen y bendicen los ñames. Más tarde, se celebra un festín con los ñames recién recolectados.

En Ghana, el pueblo Ga celebra el Festival Homowo en agosto. *Homowo* se traduce como «ulular al hambre». Se prepara una comida ritual especial y se hacen ofrendas a los antepasados. El baile, el tambor y los banquetes son los protagonistas de la celebración (Mazama, 305).

También en Rusia, agosto era una época para dar las gracias por las bendiciones agrícolas y rezar por una mayor abundancia. Se celebraban varias fiestas a lo largo del mes, cada una dedicada a un «salvador» que desempeñaba el papel de espíritu de la naturaleza personificado. El 1 de agosto se celebraba el día del Salvador de la Miel, o Salvador Húmedo, y en este día se recogía miel y se bendecían las fuentes de agua. El 6 de agosto era el día del Salvador de la Manzana. Comer una manzana antes de esta fecha se consideraba tabú, y la única expiación era abstenerse de manzanas durante cuarenta días completos. Las manzanas se cosechaban por primera vez en este día y se rezaba ante los frutos recién recogidos. El 16 de agosto se dedicaba al Salvador de la Nuez, ya que en esta época se cosechaban las nueces (Ivanits, 24).

Agosto también era una época especial para los antiguos romanos. El 1 de agosto se celebraba una fiesta en honor de Augusto César, fundador del Imperio romano, y también se celebraban ceremonias en honor a Victoria, diosa del triunfo (Futrell, 81). El 21 de agosto se celebraba la fiesta de la Consualia en honor de Consus, un dios asociado con la cosecha de la fruta y el grano. La Consualia incluía carreras de caballos, así como un altar subterráneo que se desenterraba y se levantaba como parte de la ceremonia. Se hacían ofrendas de primicias quemadas a Consus en agradecimiento por una cosecha exitosa (Takács, 55-56). El 25 de agosto estaba dedicado a la diosa Ops, también conocida como Opis, que era una deidad de la abundancia y la copiosidad. Su fiesta, conocida como la Opiconsivia, celebraba la consecución de un óptimo almacenamiento de la cosecha (Takács, 55-56).

A medida que Roma se cristianizaba, también lo hacían sus celebraciones paganas. El 1 de agosto, por ejemplo, que antes se dedicaba a Augusto César y a la diosa pagana de la victoria, se convirtió, en cambio, en un día para honrar a San Pedro, uno de los doce apóstoles de Jesús. Jesús es una de las figuras centrales de la teología cristiana, visto como un mesías o salvador/liberador. Según la leyenda, San Pedro fue apresado por el rey Herodes de Judea por sus creencias cristianas y su alineamiento con Jesús. Aunque estaba encadenado de brazos y piernas y fuertemente custodiado, Pedro escapó de forma milagrosa, tras habérsele aparecido un ángel para liberarlo de sus cadenas y abrir las puertas de salida de la prisión para que pudiera pasar sin peligro. La leyenda sostiene que una de las cadenas que había atado a Pedro pasó a manos de Eudoxia, hija del emperador romano Teodosis II, mientras que otra de las cadenas quedó en poder del Papa. Según la tradición, cuando el Papa mostró a Eudoxia su parte de la cadena de Pedro, las dos cadenas se unieron para formar una sola, un milagro que llevó a Eudoxia a reivindicar el día de este suceso (que resultó ser a principios de agosto) como día para honrar a san Pedro y celebrar su liberación de la esclavitud. Esta festividad pasó a conocerse como la fiesta de san Pedro ad Vincula, o la fiesta de san Pedro Encadenado. Al crear una nueva festividad cristiana sobre una pagana ya existente, el 1 de agosto fue efectivamente apropiado como fiesta eclesiástica (Pruen, 148). En el siglo VII, la fiesta de san Pedro Encadenado era una tradición bien establecida en Roma. Se suponía que las limaduras de las cadenas tenían poderes sobrenaturales, y eran guardadas por los Papas y entregadas como regalos para conceder grandes favores y honores (Addis, 656-657). En la primitiva Iglesia inglesa, la fiesta de san Pedro Encadenado se celebraba como una fiesta de la cosecha. Se hacían hogazas de pan con los primeros frutos de la cosecha de maíz, que luego se llevaban a la iglesia para ser consagradas (Rhys, 8).

La idea de que los primeros frutos de una cosecha son sagrados está muy extendida. Los primeros libros litúrgicos, como *De Ceremoniis*, una obra atribuida al emperador Constantino VII, que gobernó el Imperio bizantino de 913 a 959, describen una costumbre que tenía lugar el 1 o el 6 de agosto. El emperador y el patriarca encabezaban una gran procesión desde el palacio hasta un viñedo cercano, donde el patriarca hacía una bendición sobre una cesta de uvas de la cosecha. El emperador entregaba entonces una uva a cada noble u oficial presente. La ceremonia pretendía ser una bendición para las nuevas uvas que la cosecha había proporcionado (Gomme).

La cultura judía también consideraba sagradas las primicias. Al comienzo de la cosecha, los sacerdotes salían a los campos y recogían el primer maíz maduro. Luego, acompañados por una gran multitud, el nuevo maíz se llevaba en procesión de vuelta al templo. A veces la comitiva iba encabezada por un buey adornado con una corona de olivo y acompañada por música de gaitas, mientras se acercaba a la ciudad. A su llegada, el maíz se exhibía con gran suntuosidad, y luego se bendecía y se ofrecía a su dios Jehová a modo de ofrenda (Hartwell, 323).

El apóstol san Pablo hace una interesante mención de la tradición de las primicias, relacionando el sacrificio conocido y común de las primicias con el cuerpo, la vida y el simbolismo del mesías cristiano Jesús. El primer libro de los Corintios de la Biblia King James, en el capítulo 15, versículo 20, dice: «Pero ahora Cristo ha resucitado de entre los muertos y se ha convertido en la primicia de los que durmieron» (Ibid.). Al relacionar la idea de Cristo con la de las primicias, se forjó una conexión entre símbolos paganos más antiguos y símbolos más nuevos introducidos por el cristianismo. Encontramos aún más simbolismo pagano de la cosecha en el concepto cristiano de la comunión. Basada en el relato bíblico de Jesús ofreciendo pan a sus seguidores junto con las palabras «Tomad y comed, porque este es mi cuerpo», la comunión es un ritual religioso en el que los cristianos comen pan bendito (a veces denominado Eucaristía) como una forma de comulgar y conectar con el espíritu de Jesús (Mateo 26:26). Al igual que los paganos podrían considerar las cosechas como la manifestación externa del «cuerpo» de la gran obra de la naturaleza, los cristianos podrían considerar la Eucaristía como un símbolo del cuerpo de Jesús, él mismo una encarnación del sacrificio en aras de la vida. En la Comunión, los cristianos podían comer un pequeño trozo de pan consagrado, que veían como un símbolo o como el auténtico cuerpo de Cristo, así como los paganos en el Lughnasadh pueden ver los primeros frutos de la cosecha y el pan hecho de ellos como una encarnación simbólica o real del increíble regalo de la naturaleza.

Así como los paganos encuentran gracia, amor, consuelo, esperanza y belleza en la cosecha y en el hecho de que la naturaleza nos da lo mejor de sí misma, perpetuando el ciclo de crecimiento de las plantas de la tierra para que sus criaturas puedan comer y vivir, muchos cristianos encuentran las mismas virtudes en la historia de la aceptación de la muerte por parte de su Jesús para que la humanidad tenga una oportunidad de perdurar. A pesar de la variedad de símbolos y, a pesar de las diferencias en las prácticas culturales, encontramos en todo el mundo temas comunes de sacrificio, gratitud, esperanza y renovación en numerosos ritos espirituales que como elemento común tienen la temática de la cosecha de fondo. Este Lughnasadh, ¿por qué no combinas las prácticas de diversas culturas para crear tu propia celebración de la cosecha que te resulte personalmente significativa y satisfactoria? En el próximo capítulo, examinaremos las muchas formas bajo las que los paganos modernos de todo el mundo celebran este bendito día.

LAS TRADICIONES
MODERNAS

...nings, birth, renewal, rejuvenation, balance, fertility, change
...th, vernal equinox, sun enters Aries, Libra in the Sou...
...n Man, Amalthea, Aphrodite, Blodeuwedd, Eostre, Eo...
...lora, Freya, Gaia, Guinevere, Persephone, Libera, M...
...Umay, Vila, Aengus MacOg, Cernunnos, Herma, The...
...Mabon Osiris, Pan, Thor, abundance, growth, health, ca...
...aling, patience understanding virtue, spring, honor, contentm...
...abilities, spiritual truth, intuition, receptivity, love, inner se...
...ment, spiritual awareness, purification, childhood, innocence...
...creativity, communication, concentration, divination, harmo...
...ties, prosperity, attraction, blessings, happiness, luck, money...
...adance, visions, insight, family, wishes, celebrating life cy...
...hip, courage, attracts love, honesty, good health, emotions,...
...rovement, influence, motivation, peace, rebirth, self preserva...
...e power, freedom, optimism, new beginnings, vernal equinox
...tion, sun, apple blossom, columbine, crocus, daffodil, daisy...
...honeysuckle, jasmine, jonquil, lilac, narcissus, orange blosson...
..., rose, the fool, the magician, the priestess, justice, the sta...
...thering, growth, abundance, eggs, seeds, honey, dill, aspara...

Para muchos paganos que quieren celebrar el sabbat de principios de agosto, suele ser un reto encontrar la singularidad de esta festividad. El Lughnasadh es una de las tres celebraciones de la cosecha, y como pocos de nosotros hacemos algo más que mantener un pequeño huerto, es fácil comprender la dificultad que muchos nos encontramos para hacer que nuestros ritos del sabbat de agosto sean personalmente significativos y tengan sentido en nuestras propias vidas. Mientras que el Samhain señala la tercera cosecha y el final de la temporada de cultivo, y el equinoccio de otoño (también conocido como Mabon) señala la segunda cosecha y la mitad de la temporada de cosecha, el Lughnasadh tiene lugar justo al principio de la temporada de cosecha, señalando el punto en el que los primeros frutos de la tierra han alcanzado por fin la madurez. Hay más cosecha por venir, pero ahora mismo la alegría está en saber que la cosecha realmente ya está aquí.

Como la promesa de un arcoíris, nuestra primera cosecha de la temporada nos tranquiliza diciéndonos que, si todo sigue yendo bien, pronto podemos esperar más tesoros saludables en el camino que nos sustentarán durante todo el invierno. Pero ¿qué significa esto en tu propia vida? En realidad, puedes ir corriendo a la tienda y comprar frutas y verduras siempre que las necesites, de modo que, ¿qué sentido tiene celebrar una cosecha de la que tu propia vida no depende en absoluto? Probablemente ya te hayas dado cuenta de la falacia de esa línea de pensamiento: nuestras vidas sí dependen de esa cosecha, tanto como dependían de ella nuestros antepasados de mentalidad agrícola. Sabemos que los alimentos no aparecen por arte de magia en el mercado, por supuesto, pero si no estamos personalmente labrando la tierra, plantando las semillas y cuidando los cultivos día tras día hasta el momento de la cosecha, es muy fácil apartar ese hecho de nuestra mente. Pensar en lo que nos ocurriría si la cosecha realmente fuera un fracaso y los alimentos no llegaran al mercado puede servirnos de sólido recordatorio de lo mucho que realmente dependemos de la tierra para mantenernos. Nuestras vidas modernas están diseñadas para que nos sintamos lo más independientes posible de nuestro entorno natural, pero solo es una ilusión.

La tierra es nuestra madre; aunque llevemos trajes de tres piezas, conduzcamos coches ostentosos o disfrutemos del lujo entre alfombras y aire acondicionado, seguimos siendo niños necesitados, totalmente dependientes de la tierra que nos proporciona comida, agua, cobijo y ropa. ¿Dónde estarías si un asteroide se estrellara contra nuestro planeta? ¿Qué te pasaría si todas las plantas de la tierra se marchitaran y murieran? Sería horrible, ¿verdad? Por suerte, eso no ha ocurrido, y esta suerte es la alegría del Lughnasadh. Es la gratitud que sentimos por la vida, el agradecimiento que expresamos por seguir existiendo. Es el deleite de ver que las primeras señales del esfuerzo empiezan a dar sus frutos. Es el comienzo de la culminación del trabajo del verano y de lo que la tierra ha sembrado. Lo que tú hayas sembrado personalmente meses atrás también está ahora a punto de dar sus primeros frutos. En este capítulo, descubrirás muchas formas en las que los paganos modernos celebran el Lughnasadh. Deja que estas ideas te inspiren para crear tus propios ritos, aquellos que te resulten significativos a nivel personal y con los que puedas sentirte identificado.

Temas modernos y elementos comunes

Aunque ciertamente no existe un estándar establecido de las costumbres paganas modernas del Lughnasadh, sin duda hay algunos puntos comunes generalizados que merece la pena destacar. Abundan los temas de la cosecha, la gratitud y la reflexión, ya que la festividad se ve comúnmente como un momento para celebrar el final del verano mientras se espera la llegada del otoño. Son populares las comidas campestres, los pícnics y otras formas de festín, y también se practica mucho la recolección de hierbas silvestres. La magia y los rituales se centran con frecuencia en la abundancia, la protección y la fertilidad, aunque también son comunes los temas de la muerte y el desprendimiento de lo viejo. Se suelen hacer ofrendas, aunque los destinatarios varían mucho, desde deidades específicas como Danu o Lugh, hasta antepasados o a los muertos en general. También hay quienes hacen ofrendas en el Lughnasadh a espíritus de la naturaleza como las dríadas y otros tipos de ninfas protectoras de la vegetación. A pesar de las diferencias en nuestras prácticas personales, nuestras ofrendas del Lughnasadh comparten un mensaje universal y sencillo: «¡Gracias!».

El Lughnasadh en el campo

Para los paganos que viven en zonas rurales, es probable que las celebraciones de Lughnasadh giren en torno a la agricultura. Muchos paganos rurales tienen sus propios jardines o cultivos que cuidar, y sus propias primeras cosechas que recoger una vez llegado el Lughnasadh. Hay algo mágico en cultivar una planta desde la semilla hasta su plena madurez: se ve la culminación del esfuerzo y la energía empleados por uno mismo, por el sol, por la tierra, por los elementos y por la propia planta; se es testigo de primera mano del gran misterio del sacrificio por el bien de la vida. Los paganos vinculados al medio rural sin duda cuentan con una ventaja para conectarse con el flujo y reflujo de la temporada del Lughnasadh.

Las actividades populares del Lughnasadh para los paganos rurales incluyen cosechar, recoger hierbas silvestres o bayas y disfrutar de una hoguera nocturna. La cocina y los festines son también aspectos primordiales de la celebración del Lughnasadh para muchos de ellos, con comidas que ensalzan lo mejor de la cosecha. Es un momento tradicional para preparar mermeladas y conservas de bayas, hacer tartas de frutas o de frutos secos, asar patatas u otros tubérculos y hornear una hogaza de pan fresco. La magia y los rituales suelen llevarse a cabo junto al fuego, a orillas del agua o en lo alto de las colinas, y pueden acompañarse de ofrendas de «primicias» de la cosecha o de alimentos preparados a partir de estas plantas como expresión de gratitud por el sacrificio requerido para manifestar la actual abundancia. Agosto es también una época popular para las ferias campestres, lo que proporciona a algunos paganos rurales otra forma de celebrar la estación.

El Lughnasadh en la ciudad

Los paganos de las zonas urbanas encuentran tanto desafíos como ventajas en la vida en la ciudad cuando se trata de las celebraciones del Lughnasadh. Por supuesto, puede que no haya un lugar donde hacer una hoguera o una zona de bosque en la que buscar bayas silvestres, pero por otra parte hay mucha más gente alrededor con la que celebrarlo. Las grandes ciudades suelen tener comunidades paganas establecidas y abiertas, por lo que muchos paganos urbanos asisten a reuniones del sabbat con otros celebrantes locales. Estas fiestas pueden variar en afluencia de público, desde algunas que no son más que la reunión de unos pocos amigos, hasta otras que cuentan con la asistencia de cientos de personas. Actividades como los banquetes, los tambores, el baile y los rituales suelen ser el plato fuerte de estos festejos.

Muchos paganos de ciudad disfrutan de festines con la familia, los amigos y los vecinos, en los que las frutas, las verduras y el pan son los principales manjares culinarios. La comida puede ser vista como sagrada y mágica, ya que simboliza la gloria de la naturaleza y supone un regalo de la tierra, incluso si proviene, como ocurre en la actualidad en muchos casos, de la tienda de comestibles.

Sin embargo, no hay nada que sustituya a la vida al aire libre, de modo que muchos paganos de ciudad encuentran que el Lughnasadh es el momento perfecto para disfrutar de ella, aunque haga falta emprender un viaje en coche, en autobús o, incluso, recurrir a la creatividad. Un paseo en bicicleta por el parque, un viaje en coche al campo o simplemente fijarse en la belleza de los árboles de los aparcamientos, los arbustos de los edificios de oficinas y demás vegetación de la ciudad pueden ser actividades del Lughnasadh muy refrescantes para los habitantes de los centros urbanos.

Paganos diferentes, prácticas diferentes

A continuación encontrarás una muestra de rituales de varias «corrientes» paganas, y una breve mirada a algunas de las diferentes formas bajo las cuales en cada una de ellas se celebra el sabbat del Lughnasadh. Ten en cuenta, sin embargo, que los paganos son un grupo diverso, e incluso entre los practicantes del mismo camino o tradición pagana sigue habiendo grandes diferencias, tal y como las hay entre los distintos grupos o entre una persona u otra.

Reconstruccionismo celta

Los reconstruccionistas celtas basan sus creencias y prácticas en los ritos y rituales históricamente verificados de los antiguos celtas, con el objetivo de recrear la antigua religión de la forma más fiel posible. Muchos reconstruccionistas celtas celebran *Lá*

Lúnasa, o *Tailtiu*, a principios o mediados de agosto. El festival suele coincidir con la temporada local de bayas, siendo estas bayas cultivadas localmente y de temporada la estrella del espectáculo. La recolección de bayas silvestres es una actividad popular de *Lá Lúnasa* de la que disfrutan los reconstruccionistas celtas jóvenes y mayores. Las fiestas con la familia, los amigos y los vecinos son formas populares de celebración, en las que las bayas aparecen en todos los platos del menú, desde el plato principal hasta el postre. Pueden servirse salsas de bayas, tartas de bayas, mermeladas de bayas, vinagre de bayas, magdalenas de bayas y otros platos con bayas. Los reconstruccionistas celtas del noreste de Estados Unidos suelen celebrarlo con los arándanos cultivados en la región, mientras que los reconstruccionistas celtas del noroeste del Pacífico disfrutan de las moras locales.

Muchas celebraciones de *Lá Lúnasa* incluyen una ofrenda ceremonial. A menudo se entregan bayas u otros alimentos a los dioses y a los espíritus de la tierra. Algunos celtas que viven en zonas propensas a los huracanes presentan ofrendas al dios Lugh o a las Cailleachan, una especie de brujas de las tormentas. Se suelen consagrar los primeros frutos de la cosecha, y también se recitan poemas y se ofrecen libaciones con la esperanza de obtener protección contra los peligros y desastres relacionados con el clima.

Wicca

La Wicca es una religión moderna que honra a la tierra, basada en la creencia en una deidad masculina y otra femenina, que representan la magia y la reencarnación. La espiritualidad wiccana varía mucho, pero la mayoría de los wiccanos honran los ocho sabbats de la Rueda del Año, incluido el Lughnasadh. A comienzos de agosto se celebra el Lughnasadh, el Lammas o Víspera de Agosto. Los rituales y las fiestas son comunes, se considera a menudo como un momento para dar gracias por las bendiciones de la tierra y para celebrar el fruto de nuestras propias habilidades y esfuerzos.

Pueden pronunciarse plegarias y entregarse ofrendas al dios del grano y a la diosa tierra, siendo el pan y la fruta regalos populares para las deidades. Otras actividades pueden incluir juegos, elaboración de recetas de panadería, artesanía, recogida de la cosecha y reuniones sencillas con la familia y los amigos.

Neopaganismo germano / Ásatrú

El neopaganismo germano engloba el Ásatrú y otros caminos neopaganos que practican las tradiciones religiosas precristianas de Alemania, Escandinavia y otros lugares del norte de Europa. Los adherentes de la senda Ásatrú celebran el 29 de julio como el Día de Stikklestad, en conmemoración del día en que Olaf el Infractor de la Ley murió en batalla. Olaf fue responsable de la opresión, mutilación y muerte de muchos noruegos que se negaron a convertirse al cristianismo, por lo que muchos seguidores del Ásatrú utilizan el Día de Stikklestad como un momento para honrar la valentía de los mártires y guerreros que lucharon y murieron antes que someterse a la causa de Olaf.

El 9 de agosto, muchos paganos ásatrú celebran el Día en Recuerdo de Radbod. Radbod era un rey de Frisia que atrajo la atención de los misioneros cristianos que pretendían convertirlo. Radbod se sintió insultado por la afirmación de los misioneros de que sus antepasados ásatrú probablemente ardían en el infierno, y rechazó audazmente la conversión y expulsó a los misioneros. Muchos paganos ásatrú recuerdan a Radbod en este día brindando con un cuerno en su honor.

El 19 de agosto se celebra la llamada Freyfaxi, que originalmente señalaba la época de la cosecha en la antigua Islandia. El Freyfaxi también puede celebrarse el 1 o el 23 de agosto. En el Freyfaxi se honran los poderes de la fertilidad, y muchos paganos ásatrú modernos celebran el día con un *blot* (un ritual ásatrú especial que implica fiesta y sacrificio) en honor a Frey, hermano de Freya y soberano de la lluvia, el sol y el cultivo de productos.

A menudo hay una gran fiesta para celebrar la cosecha (Craigie, 27).

Druidas (modernos)

Las creencias y tradiciones de los druidas modernos son a menudo de estilo ecléctico, ya que suelen seleccionar de entre las antiguas creencias celtas aquellas que más les convencen, las cuales adaptan después a los tiempos actuales. El resultado es un sincretismo entre prácticas innovadoras y tradiciones ancestrales que suele representar fielmente la fe y espiritualidad personal. Los druidas modernos celebran el Lughnasadh el 1 de agosto, en el punto medio entre el solsticio de verano y el equinoccio de otoño, o en la noche de luna llena de agosto.

Los druidas modernos suelen celebrar el Lughnasadh como la fiesta nupcial del dios celta Lugh, una ocasión que se celebra para honrar el matrimonio simbólico de Lugh con la tierra. Como portador de la imparable Lanza de la Victoria, se piensa que Lugh, dios de la luz (entre otras cosas), es capaz de proteger las cosechas de la posible destrucción por parte de las tormentas y otras amenazas. El símbolo de la lanza de Lugh aparece con frecuencia en los ritos y rituales del Lughnasadh.

Antiguamente, el Lughnasadh era una época en la que muchas tribus se reunían, y muchos druidas modernos continúan esta tradición celebrando el día con otras congregaciones y grupos de trabajo en un festejo muy parecido al aquelarre wiccano. Para los druidas modernos, el Lughnasadh es también un momento de celebración de la primera cosecha, ya que muchos cultivos están empezando a madurar. A menudo se hacen ofrendas con la esperanza de obtener protección para la agricultura y garantizar que haya una cosecha abundante; el pan bendecido y la cerveza se encuentran entre los regalos más apreciados por los dioses. A veces también se incorporan al ritual alimentos recolectados de forma silvestre, y a menudo se utilizan tambores para ayudar a elevar y mantener la energía a lo largo de la ceremonia. Al igual que los antiguos, muchos druidas modernos consideran que el Lughnasadh es un momento ideal para hacer pactos y sellar juramentos, y es bastante común que se celebren uniones de manos y se firmen contratos en esta ocasión.

Brujería tradicional

La brujería tradicional es una religión cuyas prácticas se basan en el animismo precristiano, la magia popular tradicional y un sistema de creencias a menudo politeísta. La brujería tradicional se diferencia de la religión moderna de la Wicca en que sus rituales y creencias se fundamentan en tradiciones culturales locales y regionales, mientras que la Wicca es una creación contemporánea que abarca una combinación ecléctica de diversos sistemas religiosos o chamánicos, con una vocación más universal. Las prácticas específicas de la brujería tradicional difieren de un lugar a otro y se basan en las tradiciones locales, la herencia personal y el entorno regional en el que habita el practicante. Algunas brujas tradicionales celebran cada uno de los cuatro días de mitad del cuarto, como el Lughnasadh, y algunas celebran los equinoccios y los solsticios, pero la mayoría no celebran ambas cosas. Las brujas tradicionales pueden celebrar el día como el Lughnasadh celta, o como el Lammas anglosajón. Las prácticas suelen ceñirse a costumbres tradicionales como cantar, bailar, hacer ofrendas y disfrutar de un banquete. Se pueden montar escobas por los campos como forma de desterrar cualquier energía de decadencia y dar la bienvenida a un espíritu de prosperidad y crecimiento, tal y como hacían ciertas brujas de Buckinghamshire hace tres generaciones.

Neopaganismo

El neopaganismo es un término que define una amplia y variada categoría de practicantes comprometidos con ciertas formas de espiritualidad basadas en la naturaleza o con variantes adaptadas de antiguas religiones y prácticas paganas. Los neopaganos incluyen a los wiccanos, a las brujas eclécticas, a los druidas modernos y a otros. Casi cualquiera que viva en los tiempos modernos y se defina como pagano es también neopagano por definición, ya que esencialmente significa «nuevo pagano». Los neopaganos son seguidores modernos de prácticas espirituales o mágicas no abrahámicas y no monoteístas que a menudo se entienden dentro de un contexto contemporáneo, adaptado, por tanto, a los tiempos modernos.

Los neopaganos pueden celebrar el Lughnasadh o el Lammas de forma individual o en grupo. Muchos grupos neopaganos celebran rituales comunitarios para cada uno de los sabbats, incluido el Lughnasadh. Aunque el Lughnasadh y el Lammas son dos fiestas distintas, las celebraciones neopaganas combinan con frecuencia elementos de ambas tradiciones. Dar gracias por la cosecha y llorar por la muerte simbólica del rey del maíz u otro espíritu vegetal personificado es a menudo el centro de tales celebraciones, y los festines son una actividad popular. Pueden organizarse comidas campestres y pícnics en casas particulares, parques locales o en las cimas de las colinas. Muchos neopaganos consideran el sabbat del Lughnasadh como un momento de reflexión, de agradecimiento y gratitud, y de celebración de los ciclos de la vida. Se suele realizar magia para la protección, la prosperidad y la abundancia, y los rituales suelen girar en torno a temas de gratitud y sacrificio. Pueden compartirse con los espíritus ofrendas de alimentos o libaciones. A menudo se incorporan muñecos de maíz y otras artesanías relacionadas con la cosecha, y se acompaña la celebración con tambores, cantos, bailes y alegría.

Brujería ecléctica

La brujería ecléctica es un término que define a los practicantes de la brujería, sean o no wiccanos. Las brujas eclécticas crean sus propios sistemas de creencias y métodos mágicos personalizados basándose en prácticas y creencias de una gran variedad de tradiciones, culturas y sistemas espirituales. Las energías y los ciclos de la naturaleza suelen tener una importancia capital para las brujas eclécticas, y los cambios estacionales suelen señalarlos con celebraciones, magia y rituales. No existe una única forma establecida con la que las brujas eclécticas celebren el Lughnasadh. Los rituales pueden centrarse en temas de abundancia, cosecha, sacrificio, acción de gracias, cambios estacionales u otros temas que cada bruja considere apropiados. Una opción es celebrar la festividad con un banquete y un ritual en honor de la cosecha y de las fuerzas de la abundancia. De este modo, el sacrificio realizado por el espíritu de los cultivos cosechados puede ser reconocido en este momento. Los juegos, los deportes, las reuniones al aire libre y los pícnics son algunas opciones adicionales para el entretenimiento durante el sabbat, y también se practica con frecuencia la recogida de bayas y la recolección de hierbas silvestres.

Reuniones y festivales modernos

He aquí una muestra de algunos festivales de agosto que merece la pena visitar. Algunos de ellos son reuniones paganas modernas centradas en el significado mágico y la celebración del sabbat del Lughnasadh o el Lammas. Otras no están especialmente relacionadas con el Lughnasadh o el Lammas, pero como celebraciones de la primera cosecha o ejemplos de la tradicional feria campestre de finales de verano, las considero muy en consonancia con nuestras celebraciones de agosto e interesantes para este libro.

Festival del Espíritu Verde

Patrocinado por Circle Sanctuary (el Santuario del Círculo), un centro internacional sin ánimo de lucro para dar a conocer recursos de espiritualidad de la naturaleza y legalmente reconocido como iglesia wiccana chamánica, el Festival del Espíritu Verde se celebra anualmente desde 2005 en la Reserva Natural Circle Sanctuary, de 200 acres, que se encuentra cerca de Barneveld, en Wisconsin. Con rituales, talleres, tambores, bailes, banquetes, paseos por la naturaleza, una cosecha de artemisa, un círculo de piedras y mucho más, este evento familiar de acampada de tres días reúne a paganos de todo Estados Unidos. Para más información sobre el Festival del Espíritu Verde, puedes consultar la página web del Circle Sanctuary en www.circlesanctuary.org/index.php/our-events/festivals/green-spirit.

Lammasfest de Iowa

Celebrado anualmente a principios de agosto en el hermoso Campamento Cottonwood, en la zona de Coralville Dam, en Iowa, el Lammasfest de Iowa reúne a los paganos en una acampada familiar de tres días donde se realiza una celebración de la cosecha. Fundado en 2003, los aspectos más destacados del festival incluyen una fiesta de la cosecha, un ritual del Lammas, una zona infantil y diversos talleres de temática pagana. Los beneficios del Lammasfest de Iowa van destinados a Macbride Raptor Project, una organización con sede en Iowa dedicada a preservar las aves rapaces y sus hábitats naturales. Para más información sobre el Lammasfest de Iowa, puedes visitar su página web en http://www.lammasfest.us/home.php.

Festival de la Cosecha Sagrada

El Festival de la Cosecha Sagrada es una celebración de comunidad y magia que dura nueve días y se celebra cada año a principios de agosto en un bosque de robles centenarios cerca de St. Paul, en Minnesota. Fundado en 1998 por Harmony Tribe, una organización sin ánimo de lucro que ofrece experiencias espirituales y oportunidades educativas a los practicantes de la espiritualidad con base en la naturaleza, el Festival de la Cosecha Sagrada congrega a multitud de personas y a menudo atrae a reconocidos líderes espirituales y oradores invitados de todo el país. Abarca el transcurso de dos fines de semana completos y todos los días intermedios entre los mismos, tiempo en el que el festival crea un sentimiento de comunidad tribal pagana mientras se celebran las bendiciones de la cosecha. Entre los actos más destacados se incluyen un ritual de Caza del Espíritu Sagrado, ritos de paso y otros rituales especiales, tambores, danzas, talleres, un fuego sacro central y mucho más. El festival es familiar y cuenta con un gran porcentaje de niños y adolescentes entre sus asistentes. Para más información, visita http:// harmonytribe.org/content/sacred-harvest-festival.

Día de fiesta de Santo Domingo Pueblo y Danza del Maíz Verde

El 4 de agosto de todos los años, en Santo Domingo Pueblo, a unos 65 kilómetros al norte de Albuquerque, en Nuevo México, las tribus Pueblo de la región se reúnen para celebrar un día de fiesta anual y la Danza del Maíz Verde. Más de mil miembros de las tribus Pueblo participan cada año, y las ceremonias están abiertas a visitantes externos que acuden a Santo Domingo en multitudes para presenciar el espectáculo sagrado. Es el día de Santo Domingo, el patrón de Santo Domingo Pueblo, y la festividad conforma una interesante mezcla de antiguas costumbres tribales y tradiciones del catolicismo moderno. Una misa matutina da comienzo al día, tras la cual se lleva una estatua de Santo Domingo desde la iglesia hasta un lugar central de la plaza donde se coloca en un santuario decorado con vegetación, velas y alfombras tradicionales a los lados de la estatua. Más tarde, el sonido de los tambores y los cánticos invaden el ambiente mientras hombres, mujeres y niños bailan en la plaza en honor del maíz verde y en agradecimiento por el comienzo de la cosecha. Alfareros, joyeros y otros artesanos exponen sus mercancías para que los espectadores puedan comprarlas, e incluso hay una zona con atracciones de feria. No está permitido hacer fotos o grabar vídeos durante la ceremonia, pero los visitantes de todo el mundo son bienvenidos. Para más información, puedes consultar la página web de Santo Domingo Pueblo en http://www.santodomingo-tribe.com/feastday-3/.

Espectáculo de Tullamore

¿Quieres celebrar el Lughnasadh con una feria rural tradicional? Si lo que buscas es algo grande y auténtico, te resultará difícil encontrar una mejor opción que el Tullamore Show (Espectáculo de Tullamore) anual de Irlanda. Dicha celebración se realiza anualmente hacia principios de agosto, y se trata del mayor festival de un solo día de Irlanda además de la principal reunión agrícola del año. Se celebra todos los años en un hermoso espacio de 250 acres del Butterfield Estate en Tullamore, en el condado de Offaly, Irlanda, y cuenta con una afluencia de más de 60 000 personas, entre visitantes locales, nacionales e internacionales. Aunque fue recuperada en su forma moderna en 1991, la primera feria agrícola celebrada en Tullamore tuvo lugar en 1840. Con exhibiciones y concursos de ganado, concursos de horticultura, pruebas de perros pastores y otros eventos caninos, industrias domésticas, nuevos inventos, demostraciones de habilidades agrícolas y culinarias, comida, arte, artesanía, equipos agrícolas antiguos, moda, artes escénicas e incluso un ocasional equipo de caballos bailarines, el Tullamore Show ofrece una experiencia cultural auténtica, ejemplo de la tradicional feria rural irlandesa acompañada, eso sí, de muchas atracciones adicionales contemporáneas. Para más información, puedes visitar la página web del Tullamore Show en http://tullamoreshow.com/.

Festival del Lughnasa en Craggaunowen

Celebrado anualmente a principios de agosto en el condado irlandés de Clare, el Festival del Lughnasa de Craggaunowen ofrece exhibiciones y demostraciones de la historia y el rico patrimonio cultural de Irlanda. Los asistentes al festival pueden presenciar recreaciones con disfraces de combates cuerpo a cuerpo, observar armas, examinar artefactos, disfrutar de la moda y la joyería de la época, aprender sobre artesanía histórica y técnicas culinarias, y explorar otros aspectos de la vida cotidiana en Irlanda desde la Edad de Bronce hasta el siglo XVI. Para más información, puedes visitar su página web en http://www.shannonheritage. com./Events/AnnualEvents/LughnasaFestival/.

Festival de Timoleague

El Festival de Timoleague es una celebración de la cosecha de diez días de duración que se celebra anualmente en agosto en Timoleague, Cork Occidental, Irlanda. El festival incluye carreras a pie, carreras de cerdos, música, concursos de disfraces, actos cómicos y otros entretenimientos. Para más información, puedes consultar la página del Festival de Timoleague en http://www. timoleague.ie/timoleague_festival.html.

Festival del Lammas de Eastbourne

Celebrado anualmente desde 2001, el Festival del Lammas de Eastbourne es un festival gratuito y familiar de música, danza y entretenimiento que se celebra cada año en un parque costero de Eastbourne, en Sussex del Este, Inglaterra, justo en la época del Lammas. El festival incluye una procesión de disfraces frente al mar encabezada por dos gigantes enmascarados que representan a Herne y Andred, dos personajes locales cuyos disfraces sobredimensionados están confeccionados con mimbre y papel maché. También tiene lugar un ritual del Lammas en honor a John Barleycorn (una personificación de la cosecha de cebada, con la que se elaboran las bebidas alcohólicas), además participan una gran variedad de bailarines Morris, se puede disfrutar de un *ceilidh* al aire libre (una reunión social tradicional gaélica en la que la música folclórica, la danza y la narración de cuentos suelen ser los principales medios de entretenimiento), de arte, de artesanía, de percusión, de narración de cuentos, de demostraciones de habilidades y oficios, de vendedores, de comida, de cerveza, de pícnics y de mucho más. El festival, dirigido por voluntarios, recauda fondos para la Royal National Lifeboat Institution, una organización benéfica fundada en 1824 que proporciona servicios de búsqueda y salvamento con botes salvavidas las veinticuatro horas del día en Irlanda y el Reino Unido. Para más información sobre el Festival del Lammas de Eastbourne, puedes consultar la página web del festival en http://www.lammasfest.org/.

Feria del Lammas de St. Andrews

Con sus orígenes en la época medieval, la Feria del Lammas de St. Andrews ostenta el título de feria callejera (todavía existente) más antigua de Europa. Celebrada anualmente durante cinco días a principios de agosto en St. Andrews, en Escocia, la feria llena dos de las calles más anchas de la ciudad con puestos de vendedores, atracciones de feria, conciertos y otros divertimentos. Originalmente, era celebrada como una festividad religiosa y una feria de empleo, la Feria del Lammas ha evolucionado hasta convertirse en un acontecimiento puramente laico que reúne a multitud de personas de toda la región.

Actividades sugeridas

Existen muchas alternativas de aventura y exploración en lo relativo a la celebración del sabbat de agosto. El flujo energético de esta estación tiene una cualidad muy interesante y poco habitual que propicia las artes mágicas. El verano está terminando pero el otoño aún no ha comenzado; el sol ha pasado ya por su cúspide pero aún tiene que alcanzar su nadir, o punto más bajo. La preocupación inmediata del hambre está remitiendo a medida que maduran las cosechas, pero persiste la ansiedad por conseguir que tenga éxito el resto de la cosecha. El ocio estival está llegando a su fin justo cuando comienza el trabajo extra de la temporada de cosecha. Empezamos a ver los resultados de nuestros esfuerzos estivales, pero la siega aún no ha terminado.

El sabbat de agosto es a la vez una apertura y un cierre, una culminación y un comienzo. Es el momento intermedio justo después del calor del día y justo antes de la puesta de sol; es el cruce de caminos donde fuerzas aparentemente contrastadas y contradictorias se unen para formar un camino abierto que se extiende en todas direcciones. Desde el punto de vista mágico, es un gran momento para realizar trabajos altamente transformadores, ya que el flujo de energía puede utilizarse como una especie de puerta o portal hacia dimensiones a las que quizá no puedas acceder fácilmente con regularidad. El sabbat del Lughnasadh te brinda la oportunidad de adentrarte en la madriguera del conejo, a través del agujero de la cerradura o a través del espejo; podrás trabajar con magia más extrema a una escala mayor si aprovechas la naturaleza intermedia, indeterminada y, por tanto, ilimitada de la estación.

Intenta hacer magia que normalmente no harías; desafía tus limitaciones y suspende la duda el tiempo suficiente para intentarlo. ¿Crees que no tienes posibilidades de conseguir el trabajo de sus sueños o de obtener alguna otra oportunidad muy inusual y fabulosa? ¿Crees que no tienes el poder suficiente para cambiar el mundo de forma significativa? Puedes intentar atraer a la suerte con un poco de magia de Lughnasadh, ¡y quizás te sorprendas con todo lo que puedes hacer!

El Lughnasadh es también una época estupenda para la reflexión, la introspección y la reconexión con la tierra, con nosotros mismos y con los demás habitantes de nuestro valioso planeta. Pasa algún tiempo en la naturaleza pensando y reflexionando, contemplando y soñando. Observa las plantas y los animales que te rodean y nota cómo las estaciones se acercan a un cambio mientras reflexionas sobre los cambios en tu propia vida. Vuelve a conectar con tus amigos y familiares organizando o asistiendo a una reunión, y vuelve a sintonizar con el resto de la humanidad a través de algún trabajo de voluntariado o simplemente saliendo por ahí para pasarlo bien y socializar un poco. También puedes considerar la posibilidad de reconectar con tus seres queridos que han fallecido participando en rituales, meditaciones u otras actividades destinadas a honrar a los muertos o a comunicarse con ellos.

Como es época de cosecha, los banquetes, la recogida de bayas y de hierbas y actividades similares son también formas eficaces de aprovechar el flujo de energía del Lughnasadh. Plantéate la posibilidad de visitar una granja local o un mercado de agricultores, o de dar un paseo en coche hasta el bosque o la campiña para volver a entrar en contacto con el espíritu de la tierra viva.

Tu celebración del Lughnasadh puede centrarse en la cosecha, en honrar a los muertos, en la reflexión, en el sacrificio, en la artesanía, en las habilidades humanas, o en otras muchas posibilidades. Aquí tienes algunas ideas concretas de actividades para esta época del año que te ayudarán a disfrutar al máximo esta época bendita.

Honrar a los muertos

Al ser la época del año en la que se celebraba la feria de Tailitu en honor a la madre caída de Lugh, el Lughnasadh es una oportunidad para seguir la tradición de honrar a los muertos. La muerte es algo a lo que todos nos enfrentamos. Perdemos a seres queridos, vemos morir a diario y sabemos que nosotros también tendremos que enfrentarnos a la Parca tarde o temprano. En esta época del año, los primeros frutos maduros de la cosecha pierden la vida ante la guadaña para que nosotros podamos seguir viviendo. Todas las criaturas experimentan la muerte, y la propia naturaleza también. La vida y la muerte están conectadas, ambas son partes integrales del ciclo de la existencia. ¿Por qué no dedicar algo de tiempo este Lughnasadh a contemplar la muerte y honrar a aquellos que han fallecido y se han alejado de la forma corporal de la vida?

Puedes visitar un cementerio local, tal vez llevando contigo un almuerzo campestre para disfrutar de él junto a las tumbas, o dejar una ofrenda de flores, fruta o libaciones para los que están enterrados. Si tienes cerca un cementerio muy antiguo o descuidado, podrías hacer un poco de mantenimiento de las tumbas: quitar las malas hierbas, recoger la basura y volver a colocar en su sitio las lápidas caídas.

También puedes decidir emprender alguna investigación genealógica y honrar a tus antepasados fallecidos averiguando quiénes eran, dónde vivían y qué hacían. Busca fotos antiguas de seres queridos fallecidos y colócalas en un lugar destacado en tu casa o en tu altar como recordatorio de la necesidad de la muerte y como homenaje a la vida de los que ya no están.

Traer la cosecha

El hecho de no tener una granja o un huerto propio no significa que no puedas formar parte de la acción de la primera temporada de cosecha. Muchas granjas abren sus puertas en esta época del año a todo aquel que quiera acudir a recoger sus propias frutas y verduras y experimentar de primera mano tanto el placer como el trabajo de la cosecha. Es posible que encuentres una actividad de «recoja sus propias bayas» o «recoja sus propias judías» mucho más cerca de donde vives de lo que piensas. Si no hay granjas en tu zona, puedes optar por lo salvaje. Explora los bosques u otras zonas naturales donde vivas y busca plantas que puedas utilizar para la magia, la alimentación y otros fines. La cebolla silvestre, la menta y las hojas de diente de león son todas comestibles y útiles para labores mágicas. Puede que incluso encuentres moras silvestres creciendo en tu zona. Tan solo asegúrate de no comer ni beber nada que encuentres en el exterior a menos que estés absolutamente seguro de lo que es y absolutamente seguro de que no es venenoso. Muchas plantas totalmente seguras tienen semejanzas muy tóxicas, así que ten cuidado. Si no estás seguro de un ingrediente, utilízalo mejor en un saquito de hierbas, échalo en una tanda de popurrí o resérvalo para otro propósito mágico que no implique consumir la hierba sospechosa.

Cuando coseches plantas al aire libre, por favor, no cojas plantas de zonas especialmente vulnerables desde el punto de vista medioambiental (como zonas protegidas o riberas que se erosionan rápidamente, por ejemplo), y nunca tomes más de una cuarta parte de la masa total de una planta, como máximo.

A la caza de herramientas mágicas

Con temperaturas agradables, un hermoso follaje y ni un copo de nieve a la vista, el Lughnasadh es un momento excelente para buscar nuevas herramientas mágicas al aire libre. En muchos lugares, el suelo pronto se cubrirá de hojas caídas y, más tarde, de nieve, así que, ¿por qué no aprovechar que el terreno está visible y prácticamente al descubierto, y buscar allí algunos tesoros? Puede que encuentres una rama caída que te sirva de bastón mágico, o un palo caído que te sirva de varita de bruja. Limpia el palo o la rama, retira los trozos afilados y, si así lo deseas, decora tu nueva herramienta mágica con símbolos pintados o grabados, palabras u otros diseños. Resiste el impulso de recoger palos y ramas de árboles vivos; puedes encontrar muchos en el suelo ya caídos y listos para usar. Busca también piedras que te resulten atractivas. Podrías utilizar las piedras para realizar hechizos, como parte de una bolsa de amuletos mágicos, como ayuda para la meditación o como complemento de una varita u otra herramienta. Incluso podrías elaborar tu propio juego de runas con las piedras que encuentres. Tan solo ten en cuenta que algunas zonas naturales tienen una política de «no llevarse nada» interpretada de forma tan estricta que «nada» puede ser un guijarro diminuto, la ramita más pequeña o incluso un trozo infinitesimal de corteza de árbol.

Hay razones para una restricción como esta, así que si te encuentras con ella, te rogamos que obedezcas las reglas. Vivas donde vivas, hay lugares a los que ir en los que puedes recoger de forma legal (y sin arriesgarte a dañar el medio ambiente) unos cuantos palos o piedras sin problemas.

A cocinar

Los festines son una parte tradicional de las celebraciones de la cosecha en todo el mundo, así que, ¿por qué no formar parte de esta antigua tradición mágica y cocinar (y comer) un poco tú mismo? Algunas personas se sienten intimidadas por la cocina, al igual que otras pueden sentirse intimidadas ante una compleja ecuación matemática. Sin embargo, lo bueno de cocinar es que no tiene por qué ser complicado. Cocinar con ingredientes frescos y sin procesar es en realidad mucho más sencillo que cocinar a partir de cajas y latas, por no mencionar que es más delicioso y espiritualmente más satisfactorio. Trabajar con ingredientes crudos nos acerca más a la tierra porque los alimentos que utilizamos también están mucho más cerca de ella. En lugar de abrir una caja de no sé qué repleta de conservantes químicos y aromatizantes sintéticos muy lejos de la granja donde creció originalmente el producto, opta en su lugar por ingredientes frescos que puedas imaginar fácilmente creciendo directamente de la tierra. Una muestra de verduras de temporada recién cosechadas no necesita muchos extras para resultar deliciosa; basta con una pizca de sal, pimienta, romero, ajo o cualquier otra hierba o especia, y el sabor natural del alimento hace el resto. Si quieres tirar la casa por la ventana, prueba a hacer una hogaza de pan desde cero. Hornear pan es una actividad accesible a casi todo el mundo, y no es ni de lejos tan difícil como podría parecer. Muchas recetas de pan no requieren el uso de levadura u otros agentes fermentadores complicados de utilizar. Por ejemplo, el tradicional pan de soda irlandés es prácticamente infalible y solo tiene tres ingredientes básicos: harina, suero de leche y bicarbonato de sodio. Y, si quieres utilizar levadura para hacer una masa que suba, el truco está en asegurarte de que la temperatura del agua se encuentre en el rango adecuado. Utilizar un termómetro elimina las conjeturas y ayuda a garantizar el éxito. Si realmente no tienes ganas de flexionar tus músculos culinarios, aún puedes disfrutar de un fantástico festín. Haz que tus amigos y familiares participen invitando a todo el mundo a una gran cena. Podrás salirte con la tuya preparando o comprando solo uno o dos platos, ¡y tus invitados pueden traer el resto! Las cenas al aire libre son especialmente populares en esta época del año, así que plantéate la posibilidad de hacer tu banquete de Lughnasadh al aire libre al atardecer para contemplar la luz del sol que se desvanece mientras coméis y rememoráis los buenos tiempos del verano.

Juegos

El Lughnasadh era tradicionalmente una época de deportes y juegos de competición, un momento para demostrar la destreza humana y las proezas atléticas. Si eres deportista, puedes organizar tu propia Feria de Tailteann en miniatura, invitando a tus amigos a jugar a la pelota, al *frisbee*, a una carrera a pie o a otras competiciones de habilidad. Elige un deporte o actividad que guste a todos, y haz que los juegos sean desenfadados y reine el buen humor. Puedes añadir una carrera de sacos o dos para aumentar el nivel de tonterías y asegurarte de que los jugadores se divierten. Da premios a los ganadores: cintas, un sombrero alocado o una escoba decorada son excelentes trofeos.

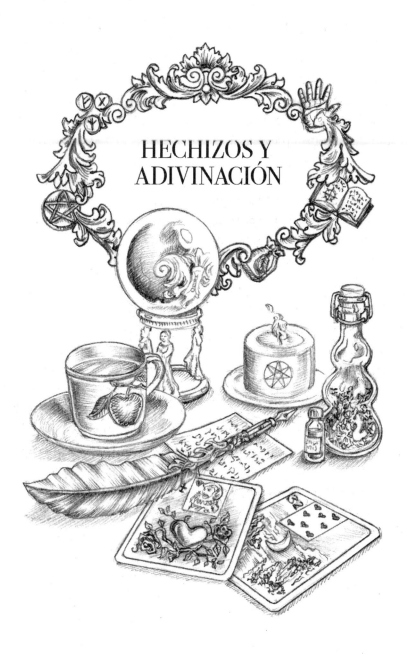

HECHIZOS Y ADIVINACIÓN

..., birth, renewal, rejuvenation, balance, fertility, change...

...th, vernal equinox, sun enters Aries, Libra in the Zo...

...en Man, Amalthea, Aphrodite, Blodeuwedd, Eostre, E...

...Flora, Freya, Gaia, Guinevere, Persephone, Libra, A...

...t, Umay, Vila, Fengus Mac Og, Cernunnos, Herma, The...

...e, Mabon Osiris, Pan, Thor, abundance, growth, health, ...

...ealing, patience understanding virtue, spring, honor, content...

...abilities, spiritual truth, intuition, receptivity, love, inner s...

...ument, spiritual awareness, purification, childhood, innocen...

...creativity, communication, concentration, divination, harmo...

...ties, prosperity, attraction, blessings, happiness, luck, mone...

...uidance, visions, insight, family, wishes, celebrating life cy...

...ship, courage, attracts love, honesty, good health, emotion...

...provement, influence, motivation, peace, rebirth, self preserv...

...ne power, freedom, optimism, new beginnings, vernal equino...

...tion, sun, apple blossom, columbine, crocus, daffodil, dais...

...honeysuckle, jasmine, jonquil, lilac, narcissus, orange blosso...

...e, rose, the fool, the magician, the priestess, justice, the st...

...athering, growth, abundance, eggs, seeds, honey, dill, aspa...

El Lughnasadh es una época de energías menguantes y crecientes, una etapa de culminación y comienzo que señala el final de una era y el principio de una nueva, cuando los cultivos maduran y comienza el verdadero trabajo de la cosecha. Este sabbat tiene un flujo de energía poderoso, reflexivo y protector, lo que lo convierte en un momento ideal para realizar hechizos y adivinaciones centrados en salvaguardar el éxito, explorar la gratitud, atraer la prosperidad y dar la bienvenida a la buena fortuna. También es un buen momento para calibrar las perspectivas de futuro y evaluar las experiencias pasadas a través del arte de la adivinación. Aquí tienes algunos hechizos y métodos de adivinación que puedes probar este Lughnasadh. Estas técnicas pueden adaptarse para ajustarse a tu estilo personal y a tus necesidades mágicas; tan solo tienes que abrir tu mente, abrir tu corazón y creer en tus propias capacidades como ser humano que piensa y siente.

Hechizos para el Lughnasadh

El corazón de la magia reside en la bruja y no en el método, así que cuando trabajes con estos hechizos, ten en cuenta que tu estado emocional y mental son ingredientes clave en la activación de cada fórmula. Aquí encontrarás instrucciones que describen principalmente la forma exterior de cada rito, así como pistas sobre la alquimia interior que tiene lugar en la mente y el corazón del hechicero. Cada bruja experimenta el proceso mágico de forma ligeramente diferente, así que toma estas instrucciones como ejemplos que te ayudarán a desarrollar tus propias técnicas de conjuración. Estos hechizos pueden utilizarse en cualquier momento, pero son especialmente eficaces si se trabajan durante el Lughnasadh o en una fecha próxima a este día.

Hechizo con velas para la calma

En la cultura grecorromana, agosto era un mes en el que se creía que los sentimientos de ira, agresividad y deseo se veían amplificados por el intenso calor y el brillo implacable de los «días del perro» del verano, llamados así por Sirio (la estrella del perro), que se hacía visible en los cielos en esa época. Los griegos y los romanos conocían las estrellas como puntos de influencia y faros de guía, y se creía que Sirio tenía un flujo de energía muy fuerte, poderoso y agresivo, capaz de convertir a los humanos civilizados casi en perros salivando y sedientos de alivio, y hambrientos de satisfacción. Si te sientes agitado, molesto o agresivo de forma incómoda, con los nervios de punta o lleno de tal angustia o deseo que no puedes pensar con claridad este mes de agosto, prueba este sencillo hechizo con velas que te ayudará a calmarte rápidamente.

Necesitarás una velita de té de color naranja (el naranja representa la agitación y hambre) y un vaso de agua para realizar este hechizo. Se puede lanzar en interiores o al aire libre, aunque si estás trabajando el hechizo en el interior, tendrás que encontrar un espacio en el suelo o cerca de una ventana que puedas utilizar como espacio mágico. Dado que este hechizo está diseñado para proporcionar un alivio rápido cuando te sientas estresado, no te preocupes por hacer ninguno de los preliminares mágicos habituales, como despejar la cabeza, despejar el espacio o trazar un círculo. Cuando estés estresado, no podrás realizar ninguna de esas acciones correctamente, así que no malgastes energía intentándolo. En vez de eso, ve directamente al meollo de la magia.

Coloca el vaso de agua junto a la vela. Si realizas el hechizo al aire libre, coloca el vaso directamente sobre el suelo desnudo. Si lo estás haciendo en el interior, coloca el vaso en el suelo o cerca de una ventana: la idea es que el agua esté en un contacto lo más estrecho posible con la tierra y sus poderosas energías.

Respira profundamente y coloca la punta de los dedos sobre la parte superior de la vela. Deja que cualquier sentimiento de ira, angustia, irritación, estrés, deseos insatisfechos, etc. fluya libremente a través de ti. No luches contra ello; deja que tu cuerpo sea un embudo para estos sentimientos negativos y honra estas emociones al mismo tiempo que te liberas de ellas. Está bien tener sentimientos negativos a veces; esos sentimientos sirven para demostrar que esencialmente somos criaturas conscientes, emocionales y vulnerables, capaces de hacernos daño una y otra vez por amor y por la vida, y eso es algo realmente hermoso y precioso. Sin embargo, tendemos a almacenar esta negatividad, llevarla con nosotros como si nuestro cuerpo fuera la botella y nuestra mente el corcho, lo que a su vez puede lastrar el espíritu de forma considerable. En vez de eso, imagínate a ti mismo como un tubo, abierto por ambos extremos. El estrés entra, sí, pero también puede salir fácilmente y volver al lugar de donde vino. Imagínate ahora como este tubo, y deja que esos sentimientos estresantes, negativos y de rabia fluyan a través de la punta de tus dedos y lleguen a la cera de la vela.

Libera tu energía emocional en la cera hasta que te sientas completamente drenado y vacío. Ahora deberías tener una sensación hueca y más bien indiferente en el corazón y en la mente. Si tus emociones siguen siendo fuertes, aún no has terminado con esta parte del hechizo. No luches contra esos sentimientos y vuelve a liberar esas energías en la cera de la vela hasta que ya no puedas despojarte de ninguna más. Una vez que hayas llegado a ese punto, enciende la vela y relaja las manos sobre tu regazo con los dedos sueltos y las palmas hacia arriba.

Contempla la llama y mira cómo la cera se funde con su calor y su luz, transformada en combustible para el fuego. Imagina que las energías negativas que has vertido en la cera de la vela también se transforman, convertidas en pura energía para alimentar a un sol hambriento. Visualiza el sol en el cielo brillando con intensidad directamente sobre la llama de la vela, e imagina la energía de la cera fluyendo hacia arriba a través de la llama, a través del cielo y directamente hacia el sol resplandeciente. Recita:

¡Alimento al sol con la pasión de mi hambre!
¡Alimento al sol con el poder de mis miedos!
¡Alimento al sol con el monstruo engendrado por la injusticia!
¡Alimento al sol con el poder de mis lágrimas!

Visualiza la energía que fluye hacia el sol siendo eliminada al instante por la luz y el calor de ese brillante cuerpo celeste. Ahora, coloca las manos alrededor del vaso de agua. Invita a las energías de la tierra a fluir hacia él. Puedes hacerlo visualizando con emoción las cosas que asocias con la naturaleza y el elemento de la tierra, tal vez imaginando la sensación que tienes al admirar la belleza y el poder de los bosques frondosos, el suelo fértil y las viejas rocas. Visualiza esas energías entrando en el vaso de agua, infundiendo al líquido de una vibración fuerte y terrosa. Si lo deseas, invita directamente al elemento de la tierra a entrar en el agua diciendo:

Elemento de la tierra, ¡te invoco ahora!
Por favor, ¡entra en este vaso de agua, aquí y ahora!
Tierra, ¡entra en esta agua aquí y ahora!
No hay otro cauce; ¡entra en ella ahora mismo!

Ahora, bebe lentamente trece sorbos del agua, respirando profundamente entre cada trago y disfrutando de la belleza de la llama incandescente de la vela mientras lo haces. Observa la sensación que te produce el agua cargada de magia; siente cómo nutre tu cuerpo, saciando tu sed tanto física como espiritual con su poder. Cuando hayas terminado, deja caer un poco del agua restante sobre la vela para apagar la llama. Respira hondo por última vez, exhalando larga y profundamente antes de volver a tu jornada habitual.

Hechizo de hierbas para salvaguardar el éxito

El Lughnasadh es una época tradicional para la magia de protección. Los celtas irlandeses conducían a sus caballos y ganado a través del agua como medio de purificación y protección, al igual que en el Beltane se conducía al ganado entre dos hogueras para conseguir los mismos fines. Lo más probable es que no tengas mucho ganado a tu alrededor, pero eso no significa que no tengas otros objetos de valor que te gustaría proteger. Para los celtas, los caballos y el ganado significaban sustento, supervivencia y prosperidad; ¿qué elementos de tu propia vida pueden entenderse de forma similar? ¿Tienes dinero, recursos o un hogar que signifiquen el mundo para ti? ¿Has tenido éxito durante el verano o has progresado hacia algún objetivo importante? Estos activos son tus objetos de valor, tu ganado moderno, por así decirlo. Si quieres salvaguardar tu éxito y tu progreso y proteger tus objetos de valor, prueba con este sencillo hechizo basado en la práctica tradicional irlandesa del Lughnasadh para proteger el ganado.

Para este hechizo, tendrás que seleccionar una muestra de hierbas frescas. Haz una lista de los bienes y objetos de valor que desees proteger, y entonces elige una hierba adecuada para cada uno. Por ejemplo, podrías elegir albahaca, pino u orégano para representar la riqueza material, o podrías incluir lavanda o pétalos de rosa para representar las ganancias conseguidas en asuntos del corazón. Podrías optar por la canela para representar el éxito y el valor, o por flores de diente de león para representar la felicidad y la alegría. Puedes consultar una guía de atributos herbales para obtener más ideas, seguir tu propia intuición o incorporar algunas de las sugerencias aquí incluidas. Lo ideal es que las hierbas que selecciones sean frescas y en un formato lo suficientemente grande como para poder manejarlas. Por ejemplo, elige una ramita de romero fresca en lugar de una sola hoja de romero seca, y elige una rama de canela en lugar de un montón suelto de canela en polvo. Si incluyes una hierba seca en polvo, simplemente envuélvela en un fardo y átala en un pequeño círculo de tela de un color que se corresponda con el bien o el valor que representa la hierba en concreto.

Una vez que hayas reunido las hierbas que vas a utilizar, colócalas sobre tu altar, alineadas una al lado de la otra de forma horizontal al borde frontal del altar. Ahora, llena un cuenco grande hasta las tres cuartas partes con agua y colócalo en el centro del altar. Puedes utilizar agua de un río, arroyo u océano, una botella de agua de manantial del supermercado, agua de lluvia recogida o, como último recurso, agua corriente del grifo. Invita al elemento del Agua a entrar en el cuenco, imaginando sus cualidades purificadoras y pensando en la fuerza de un río embravecido, una poderosa ola oceánica o un aguacero de lluvia torrencial.

Ahora, coge la primera hierba y piensa detenidamente en lo que representa. ¿Esta hierba representa tu riqueza, tu hogar o el éxito de tu negocio? Sea lo que sea, piensa en la hierba como si realmente fuera esa cosa. Visualiza el bien o el valor representado de forma tan detallada como te sea posible, y proyéctalo en la hierba. Recita:

Lo que tengo en la mano no es
(nombre de la hierba que sea, por ejemplo, albahaca),
sino que es mi
(nombre del bien u objeto de valor que represente la hierba,
por ejemplo, éxito financiero).

Ahora, arrastra lentamente la hierba por el cuenco de agua, visualizando que el agua limpia cualquier obstáculo o impureza a la vez que infunde al objeto de valor o bien representado de una fuerza protectora. Recita:

Por el poder del agua,
por el río y el mar,
¡lo que tengo está protegido!
¡Que así sea!

Coloca la hierba en el extremo opuesto del cuenco de agua. Repite el proceso con cada hierba hasta que todas hayan sido arrastradas por el agua.

Ahora, lleva el montón de hierbas húmedas y el cuenco de agua al exterior, a un lugar natural donde puedas sentir el poder y la belleza de la tierra. También tendrás que llevar una manzana. Coloca el montón de hierbas en el suelo, y encima de este coloca la manzana, con el tallo apuntando hacia arriba. Vierte el agua del cuenco formando un círculo alrededor de las hierbas y la manzana, reservando unas últimas gotas para rociar por encima de la materia vegetal mágica. Expresa tu agradecimiento por tus bienes y objetos de valor, y deja la manzana y las hierbas fuera como ofrenda adicional de gratitud y buena voluntad.

Hechizo de la patata para la buena suerte y la fortuna

Como alimento básico tradicional del Lughnasadh, las patatas son un gran medio para tu magia del sabbat. Prueba este sencillo hechizo para ayudar a atraer la buena suerte y aumentar la fortuna. Este hechizo implica una buena cantidad de cortes de precisión, así que sé precavido y ponte guantes protectores mientras trabajas. Para empezar, corta una patata por la mitad de forma horizontal. Ahora piensa en los detalles de la buena suerte y la buena fortuna que te gustaría atraer, y elige un símbolo que los represente. Coge una de las mitades de la patata y sujétala con el lado cortado hacia arriba, y después utiliza un pequeño cuchillo de pelar para grabar con cuidado el contorno del símbolo elegido en su carne. ¿Buscas una mayor prosperidad? Talla un símbolo del dinero o un pentáculo. ¿Lo que anhelas es más amor? Talla el contorno de un corazón en la patata. ¿No estás seguro de lo que quieres, aparte de buena suerte y fortuna en general? Elige un motivo de estrella, o una simple cruz de cuatro brazos u otro símbolo solar. Hazlo sencillo para que el resto del proceso no te resulte demasiado difícil. Ahora que ya tienes el contorno del símbolo que deseas, recorta con cuidado el exceso de patata de los bordes, dejando que el trozo con el símbolo tallado sobresalga más que el resto de la pulpa de patata circundante.

A continuación, vierte un poco de pintura en un platillo o busca una almohadilla de tinta. Es mejor utilizar algo no tóxico y biodegradable; incluso puedes experimentar con «tintas» totalmente naturales como zumo de uva, barro o zumo de mora. También necesitarás un trozo pequeño de papel. Sumerge la patata en la pintura o empújala sobre la almohadilla de tinta para que el símbolo quede completamente cubierto de color. Piensa de nuevo en la buena suerte y la fortuna que deseas y presiona la patata sobre el papel para estampar el símbolo justo en el centro. Corta el lado del símbolo de la mitad de la patata y deséchalo, y después entierra el resto de la patata en el suelo. Si has utilizado pintura o tinta no tóxica y biodegradable, puedes optar por enjuagar todo lo posible y después enterrar la patata entera si prefieres enterrar también la parte del símbolo. Cuelga el papel estampado en tu casa o llévalo contigo todo el tiempo que desees.

Talismán de la prosperidad de Lughnasadh

Los talismanes son objetos mágicos que se utilizan desde hace miles de años. Los métodos para elaborar talismanes difieren, pero la premisa básica es contener un amuleto dentro de un objeto físico, creando una especie de imán mágico que atraerá hacia ti lo que busques. Se emplean palabras, números, símbolos gráficos, correspondencias planetarias, simbolismo cromático y otros medios para ayudar a forjar la conexión mágica entre el talismán y aquello que el talismán está diseñado para atraer. Un talismán está pensado para llevarlo encima, cerca del cuerpo o metido en un bolsillo, de forma que magnetice tu propia aura con una fuerza irresistiblemente atractiva.

Puedes elaborar tu propio talismán diseñado especialmente para atraer la prosperidad a tu vida en esta temporada de Lughnasadh. Necesitarás solo unos sencillos elementos e ingredientes que puedes recoger del exterior si no los tienes ya a mano.

Para elaborar un talismán de la prosperidad de Lughnasadh, primero tendrás que decidir qué material te gustaría utilizar. Dado que el Lughnasadh está estrechamente asociado con las energías de la tierra, puedes optar por elaborar tu talismán con arcilla, masa o barro. Puedes utilizar una arcilla artística comprada en una tienda o un producto de plastilina para niños, o puedes elaborar tu propia masa y endurecerla en el horno mezclando aproximadamente dos partes de harina por una de sal y añadiendo agua suficiente para formar una masa consistente, a la que también verteremos una cantidad escasa de aceite vegetal, una cucharadita cada vez, para minimizar la pegajosidad. Si te sientes primitivo, prueba a elaborar tu talismán con barro. Busca en las orillas de los arroyos y en los lechos de los ríos el mejor barro. Lo ideal es que tenga un alto contenido en arcilla, pero podrás arreglártelas con lo que tengas disponible. Tanto si utilizas arcilla, masa o barro, solo necesitarás un poco; media taza más o menos será suficiente.

Antes de empezar a elaborar el talismán, decide si deseas incorporar alguna hierba o aceite en su diseño. Podrías plantearte usar canela, ya que se asocia con las energías solares, la prosperidad, el poder mágico y la suerte. Plantéate incluir romero, otra hierba solar que también se corresponde con la buena suerte. Añade una pequeña cantidad de hierbas o aceites a la arcilla, la masa o el barro, y trabájalo con los dedos mientras piensas en estas nuevas energías entrando en las energías más terrosas y enraizadas del material principal.

Forma con la arcilla, la masa o el barro un pequeño disco de entre cinco y siete centímetros de diámetro. Utiliza un palillo o una ramita delgada para grabar el dibujo de un león en la superficie del talismán, justo en el centro. El regente astrológico de Lughnasadh es Leo, el león, por lo que añadir este símbolo al talismán te ayudará a sincronizar tu energía personal con el flujo de la temporada, de modo que las cosas que deseas podrán avanzar hacia ti con mayor libertad. Encima del león, graba una bellota, símbolo tradicional de la riqueza y la buena suerte. Alrededor del león, graba un círculo de símbolos del euro, manzanas, signo más o cualquier otro símbolo que asocies con la riqueza y la prosperidad. Ahora, piensa en cualquier otro símbolo, palabra, número u otra imagen que puedas querer incorporar a tu talismán. Puedes añadir tus iniciales, tu número de la suerte, la palabra «riqueza» o cualquier otra imagen que consideres que te ayudará a alinear el talismán con su propósito.

A continuación, coloca el talismán en una bandeja antiadherente y hornéalo a 135 °C hasta que se endurezca. Dependiendo del tamaño y el grosor del talismán, esto puede tardar entre 20 y 45 minutos, así que vigílalo bien y sácalo cuando se haya endurecido. Deje que el talismán se enfríe por completo antes de colgarlo.

Una vez que se haya enfriado, tendrás que potenciar o «cargar» aún más tu talismán para activarlo por completo. En esta etapa, estás programando el talismán terminado con su propósito, dando al poder mágico dentro del objeto instrucciones sobre lo que debe hacer. Lleva el talismán al exterior, bajo el sol. Crea un círculo de monedas, billetes, bellotas, manzanas u otros símbolos de riqueza, y sitúate en medio de este círculo, con el talismán en la mano. Deje que los rayos del sol se derramen sobre el talismán, y visualiza también la energía del círculo simbólico de riqueza filtrándose en el talismán, cargándolo con la propia energía que está destinado a atraer. Recita en voz alta o para ti mismo tres veces:

¡Por el poder de Lugh, por el sol y por el cielo,
el dinero y las riquezas hacia mí volarán!

Tu Talismán de la Prosperidad de Lughnasadh ya está listo; llévalo contigo durante todo el mes de agosto para atraer una mayor riqueza.

Adivinación de Lughnasadh

La adivinación combina el uso de herramientas y conocimientos ocultos con el poder de la observación para facilitar el acceso a la conciencia colectiva, a tu propia intuición interior y a tus habilidades psíquicas. Al igual que los hechizos anteriores, los siguientes métodos de adivinación pueden utilizarse con éxito en cualquier momento, pero pueden resultar más eficaces si se emplean durante el mes de agosto. Confía en tus sentidos y mantente abierto a la información y a los sentimientos que te lleguen.

Métodos tradicionales para predecir el tiempo

El arte de adivinar el tiempo casi se ha perdido en la actualidad, pero esta antigua tradición aún conserva sus raíces en muchos lugares. Abundan las leyendas sobre el tiempo en agosto, así que, ¿por qué no practicas un poco de profecía meteorológica por tu cuenta en esta época? En Carolina del Norte, Kentucky, Alabama, Nueva York y Oklahoma, por ejemplo, la creencia popular sostiene que el número de nieblas en agosto predice el número de nevadas que se producirán durante el próximo invierno. En otros lugares de Estados Unidos se decía que si agosto era seco y árido, no había que temer por la seguridad de la cosecha. Los profetas meteorológicos americanos incluso consultaban con los insectos para dar forma a sus predicciones; se creía que cuanto más fuerte fuera el sonido de los saltamontes longicornios en agosto, más grandes serían las ventiscas en diciembre.

La sabiduría meteorológica también era común en Europa. Un proverbio atribuido al *Book of Knowledge* (Libro del Conocimiento), una enciclopedia infantil del siglo XIX, advierte de que los truenos en agosto significan un año de enfermedad y tristeza. En Albania, se creía que los doce primeros días de agosto presagiaban el tiempo de los doce meses siguientes (Swainson, 119-121). En algunas partes de Inglaterra se decía que el tiempo del 24 de agosto, día de San Bartolomé, era indicativo del tiempo de todo el otoño, mientras que si hacía buen tiempo el 15 de agosto, día de Santa María, se predecía una buena cosecha de vino. Se pensaba que si agosto traía sol cálido y estrellas brillantes, cabía esperar una buena maduración de las uvas. Si agosto era frío tras un julio caluroso, se presagiaba un invierno frío y seco. En Escocia, la lluvia durante el Lammas significaba una cosecha fructífera, mientras que la lluvia después del Lammas era indeseable (Binney).

Adivinación tradicional del maíz

Como celebración de la cosecha, el sabbat del Lughnasadh se asocia a menudo con verduras y cereales como el maíz. Tanto en México como en Estados Unidos, el maíz se ha utilizado durante mucho tiempo como herramienta para predecir el futuro. Un método consiste en colocar treinta granos de maíz seco en un cuenco, concentrarse en una pregunta de sí o no para la que te gustaría saber la respuesta, y después coger un puñado de granos del plato. Aparta los granos restantes y divide el puñado de granos que has cogido en montones iguales de cuatro granos cada uno, dejando aparte los granos que sobren. Ahora, cuenta los montones. Si tienes un número par de montones, y un número par de granos sobrantes, la respuesta a tu pregunta es sí. Si por el contrario tienes un número impar de montones y un número impar de granos sobrantes, la respuesta a tu pregunta es no. Si tienes un número par de montones pero un número impar de granos sobrantes, significa que los poderes superiores se niegan a dar una respuesta (Cunningham, 52-53).

Otro método de adivinación con maíz procedente de México se utiliza para ayudar a diagnosticar enfermedades y dolencias. Se echa un puñado de granos de maíz sobre un paño o se colocan en un cuenco con agua y se hacen girar. La disposición final de los granos se interpreta entonces para dar una indicación de la salud y el bienestar del paciente (Austin y Lujan, 248). Si los granos están distribuidos uniformemente, significa que cabe esperar una recuperación completa. Si, por el contrario, los granos están agrupados en ciertas zonas, es señal de que pueden estarse gestando problemas en la zona correspondiente del cuerpo. La parte superior del cuenco o paño representa la cabeza, la parte inferior del cuenco o paño representa los pies, los lados representan las extremidades y el centro representa los órganos internos. Sin embargo, ten en cuenta que aunque este método de adivinación puede proporcionar pistas sobre el estado general de salud de una persona, no sustituye al diagnóstico tradicional de un profesional médico cualificado.

Adivinación de escrutinio acuático para predecir el éxito

A medida que el verano va menguando y el otoño se acerca, muchos de nosotros nos volvemos más introspectivos y pensativos, y a menudo nos invade un estado de ánimo de reflexión y retrospección. Cuando estamos en este estado mental, las imágenes y la información del subconsciente se vuelven más accesibles. Una forma de acceder a la sabiduría oculta de tu subconsciente y comprobar el progreso de tus objetivos es a través de una forma de adivinación conocida como escrutinio. El escrutinio consiste en mirar fijamente con ojos relajados una superficie hasta que la mente entra en un estado hipnótico y de conciencia psíquica. Se perciben visiones y la mente subconsciente recibe información, que luego transmite a la mente consciente y/o a otras personas presentes en la sesión de escrutinio. Todos los adeptos a la magia funcionamos de forma diferente, y para algunos de nosotros, una vez que entramos en estado de trance, nuestra mente consciente se desconecta por completo. Podemos disfrutar de una sesión de escrutinio increíblemente exitosa, pero descubrir, al volver a nuestro estado mental habitual, que todo lo que aprendimos y experimentamos en la sesión de escrutinio está completamente olvidado. Para otros, nuestra mente consciente y nuestra mente subconsciente están tan entrelazadas que rara vez nos desprendemos por completo de una u otra, e incluso cuando lo hacemos, somos capaces de retener recuerdos de las cosas experimentadas y presenciadas en diversos estados mentales de percatación consciente y trance subconsciente. Si eres de los primeros, es una buena idea que alguien te acompañe mientras practicas el escrutinio para que actúe como anotador y testigo de la información que transmitas mientras te encuentres en el estado psíquico. Si no hay nadie que te acompañe, considera la posibilidad de utilizar una grabadora de audio para capturar cualquier gema de sabiduría o visión que emitas mientras estás en trance.

Realiza esta adivinación el último día de agosto para obtener mejores resultados. Busca un cuenco grande y ancho, preferiblemente de color negro y de cerámica. Si no encuentras un cuenco negro, ennegrécelo con pintura resistente al agua.

Llena el cuenco con agua. Si vives cerca del mar o de un río, arroyo o lago relativamente poco contaminado, puedes utilizar agua de estas fuentes para el cuenco de adivinación.

Coloca el cuenco de adivinación sobre una mesa o en el suelo. Haz que la habitación esté tan oscura como sea seguro y cómodo para ti. No querrás chocar con las cosas, pero tampoco querrás una luz brillante y deslumbrante; encuentra tu propio punto medio que te resulte cómodo. Enciende una sola vela y sostenla un momento sobre el cuenco del escrutinio para que la llama se refleje en el agua. Piensa en las «semillas» metafóricas que has plantado, en tus planes y proyectos, en las esperanzas, miedos y energías que estás proyectando, y luego recita en voz alta o para ti mismo:

El fuego arde y el agua brilla,
¡mostradme lo que necesito saber!
Planté la semilla, sembré la semilla,
contadme, ¿podrá mi jardín crecer?

Coloca la vela a un lado para que la llama ya no sea visible en la superficie del agua. Respira lentamente unas cuantas veces hasta que te sientas tranquilo y centrado, y después mira dentro del agua. Parpadea como lo haces normalmente y relaja los ojos. No intentes concentrarte, limítate a contemplar pasivamente tu reflejo, como un observador casual pero interesado y curioso. En poco tiempo, la imagen en el agua empezará a transformarse. Es posible que veas una imagen doble, borrosa o en movimiento, o que tu reflejo desaparezca por completo. Cuando esto ocurre, es impactante si no lo esperamos, y la sensación de sorpresa puede hacernos volver rápidamente a la realidad consciente, que no es lo que queremos cuando intentamos entrar en una mentalidad psíquica. Independientemente de cómo se transforme el reflejo en el agua, haz lo que puedas por seguir observando, ya que es una señal de que lo bueno está a punto de empezar. El agua acabará volviéndose de un color sólido (a menudo un azul celeste o un negro sólido) y después aparecerán motas de luz, que finalmente se aclararán para sumergir al escrutador por completo en un estado mental de conciencia psíquica. Cada persona experimenta las visiones del escrutinio de forma diferente. Podrías ser testigo de imágenes proyectadas a través de la superficie del agua como una película en una pantalla. Puede que las imágenes y la información simplemente entren en tu mente y experimentes estas visiones como si estuvieras soñando despierto. Puede que sientas que te transportas a la escena real de la visión, de forma muy parecida a lo que se siente cuando estamos sumidos en un sueño profundo. Mantén la mente abierta y no intentes interpretar tus visiones e impresiones tal y como te llegan; pronuncia en voz alta lo que ves y sientes, y después preocúpate de interpretar esta información una vez que vuelvas a la realidad normal, y salgas del trance.

¿Qué has experimentado? Anota cualquier otro pensamiento y evalúa las impresiones recogidas durante la sesión de adivinación mediante un anotador o una grabadora de audio. Recuerda que al tratarse de una sesión de adivinación con temática del Lughnasadh, la intención inicial estaba fijada en la idea de la cosecha. ¿Te ofrecieron tus visiones de adivinación una idea más clara de lo que puedes esperar cosechar de las semillas que has sembrado? ¿Fueron las impresiones en general positivas? Si es así, puedes esperar una buena «cosecha» o rendimiento de las semillas metafóricas que has plantado. ¿Fueron las impresiones desafiantes o negativas? Si es así, puede que tengas que dar a tus planes y proyectos un poco más de amor, esfuerzo y atención para superar cualquier obstáculo que se vislumbre en el horizonte.

Adivinación con péndulo para identificar peligros

El Lughnasadh es una época tradicional para la magia de protección para las cosechas, el ganado y otros objetos de valor. Si planeas hacer algunos hechizos protectores por tu cuenta en esta temporada, puede resultarte beneficioso saber con exactitud dónde son más necesarios tus esfuerzos mágicos. Un péndulo ofrece un medio sencillo de adivinación que puede ayudarte a determinar la seguridad relativa de tus diversas posesiones personales, lo que te permitirá anticiparte al posible peligro para que puedas centrar así tu magia protectora justo donde más falta haga.

En primer lugar, piensa en los objetos de valor que deseas

proteger. Empieza por los más importantes. ¿Tienes una casa? ¿Un coche? ¿Joyas de lujo o arte? ¿Objetos sentimentales? ¿Cultivos o jardines? ¿Mascotas o ganado? Péndulo en mano, colócate frente a cada uno de ellos. Sujeta el péndulo con la mano derecha entre el pulgar y el índice de modo que oscile sobre la palma abierta y plana de la mano izquierda. Pregunta al péndulo si es probable que la posesión en cuestión encuentre peligro en los próximos meses. No dirijas el péndulo; mantenlo lo más quieto posible. Debería empezar a moverse por sí solo, ya sea girando en círculo u oscilando de un lado a otro en línea recta. Si gira en círculo, la respuesta del péndulo es afirmativa. Si se mueve en línea recta hacia adelante y hacia atrás, la respuesta es negativa. Si el péndulo indica que alguna de tus propiedades necesita protección adicional, lanzar algo de magia defensiva preventiva puede ayudar a alejar el peligro y a garantizar la seguridad de tus posesiones.

RECETAS
Y
ARTESANÍA

...ennings, birth, renewal, rejuvenation, balance, fertility, chang...

...gth, vernal equinox, sun enters Aries, Libra in the Sou...

...en Man, Amalthea, Aphrodite, Blodeuwedd, Eostre, E...

...Flora, Freya, Gaia, Guinevere, Persephone, Libera, A...

...t, Umaj, Vila, Aengus MacOg, Cernunnos, Herma, The...

..., Mabon Osiris, Pan, Thor, abundance, growth, health, ca...

...aling, patience understanding virtue, spring, honor, contentm...

...abilities, spiritual truth, intuition, receptivity, love, inner se...

...ement, spiritual awareness, purification, childhood, innocenc...

...creativity, communication, concentration, divination, harmo...

...ties, prosperity, attraction, blessings, happiness, luck, mone...

...idance, visions, insight, family, wishes, celebrating life cy...

...hip, courage, attracts love, honesty, good health, emotions,...

...rovement, influence, motivation, peace, rebirth, self preserva...

...w power, freedom, optimism, new beginnings, vernal equino...

...tion, sun, apple blossom, columbine, crocus, daffodil, dais...

...honeysuckle, jasmine, jonquil, lilac, narcissus, orange blosso...

...e, rose, the fool, the magician, the priestess, justice, the sta...

...ithering, growth, abundance, eggs, seeds, honey, dill, aspa...

Aunque los rituales formales de Lughnasadh y los trabajos de magia son muy satisfactorios, también lo es incorporar la celebración del sabbat a los aspectos más mundanos de nuestra vida cotidiana. A través de la cocina, la artesanía y la decoración, podemos experimentar más plenamente la singularidad y la alegría del momento especial que llamamos Lughnasadh. En este capítulo encontrarás ideas para recetas, manualidades y decoración que te ayudarán a celebrar el Lughnasadh con estilo.

Recetas

El Lughnasadh es una fiesta que celebra la cosecha de verano, y cocinar con verduras y hierbas de temporada te ayudará de verdad a sintonizar y conectar con el flujo de energía de este sabbat. Estamos contentos por la cosecha pero abatidos por el calor continuo, y no hay nada como un plato rebosante de comida saludable para ayudar a mitigar el agotamiento y potenciar los sentimientos de alegría y gratitud. Prueba a cocinar con calabaza de verano, judías, maíz y verduras de hoja verde, y sirve muchos arándanos rojos y azules y manzanas para acompañar. Entre las hierbas de temporada se encuentran la albahaca, el orégano, el romero y el ajo; prueba a incorporar estas especies para dar a tus recetas una pequeña dosis del sabor de la cosecha del Lughnasadh. El pan es también un componente importante del menú de esta temporada; prueba a hornear una o dos hogazas para complementar tus comidas del Lughnasadh. Escoge alimentos contundentes, pero no demasiado pesados o picantes como para resultar agobiantes con el calor de finales de verano. Aquí tienes un menú que puedes probar y que es perfecto para una reunión informal de Lughnasadh con amigos o familiares:

En el menú:

- Sopa de alubias.
- Sacrificio del Dios del Maíz asado en la mazorca.
- Guiso de calabaza satisfactoria.
- Tarta de manzana nutritiva.
- Pan bendito.
- Sidra de manzana especiada de la Diosa.

Sopa de alubias

Esta receta celebra la cosecha incluyendo una variedad de verduras frescas y sustanciosas. Siempre que sea posible, utiliza productos orgánicos cultivados localmente. Puedes sustituir u omitir los ingredientes que no tengas.

Ingredientes:
- medio kilo de alubias negras secas y cocidas o una lata de medio litro de alubias negras
- medio kilo de alubias rojas oscuras secas y cocidas o una lata de medio litro de alubias rojas oscuras
- medio kilo de garbanzos secos y cocidos o una lata de medio litro de garbanzos
- medio kilo de judías verdes frescas o una lata de medio litro de judías verdes
- 1 cebolla pequeña

- 3 tomates pequeños, picados, o una lata de medio litro de tomates guisados y cortados en dados
- 4 patatas medianas, lavadas (pero no peladas) y cortadas en trozos de dos o tres centímetros
- 2 tazas de brécol picado
- 3 zanahorias grandes, cortadas en dados
- 1 manojo de col rizada, lavada y picada sin los extremos del tallo
- 1 diente de ajo, machacado y picado
- 1 cucharadita de sal
- 1 cucharadita de pimienta negra
- 1 cucharadita de orégano
- 1 cucharadita de albahaca.

Prepara los ingredientes y colócalos todos en una olla grande. Cúbrelos con agua suficiente para llenar la olla. Caliéntela a fuego medio-bajo durante aproximadamente una hora, removiendo de vez en cuando. Mientras remueves la sopa, deja que los aromas te impregnen y piensa en la variedad y el encanto de cada ingrediente que has añadido a la mezcla. Sonríe ampliamente y dirige esta alegre energía a través de la cuchara que tienes en la mano hacia la sopa. Una vez que esté lista, comparte la sopa con tus amigos mientras disfrutáis de una alegre conversación y celebráis las cosas buenas que os ha traído el verano que va llegando a su fin.

Sacrificio del Dios del Maíz asado en la mazorca

El maíz es un alimento muy tradicional del Lughnasadh, símbolo de la cosecha y encarnación de la necesaria e ineludible muerte de los cultivos una vez recolectados. Algunas tradiciones paganas incluyen rendir homenaje a un dios del Maíz que muere en esta época del año, representante de todas las demás plantas del campo que dan su vida por el bien y el alimento de la humanidad. Esta sencilla receta actúa como recordatorio del gran sacrificio de la tierra, las verduras y los cereales que mueren para nuestro propio sustento.

Ingredientes:
- mazorca de maíz, preferiblemente fresca con las hojas aún unidas
- mantequilla
- sal
- pimienta negra.

Si es posible, empieza con mazorcas de maíz enteras y frescas. Si aún tiene las hojas, mejor; déjalas puestas y simplemente coloca el maíz en un horno a 180 ºC durante unos 30 minutos. Si vas a cocinar a la parrilla, retira algunas capas de las hojas más externas pero deja la mayor parte de las hojas intactas. Coloca el maíz sobre brasas al rojo vivo y gíralo con frecuencia durante unos quince minutos, hasta que las hojas exteriores estén carbonizadas. Si el maíz ya ha sido desgranado, envuelve las mazorcas en papel de aluminio y hornéalas o ásalas de la misma manera. Una vez que el maíz esté hecho, pela las hojas si las hay, o desenvuelve el papel de aluminio. Unta una capa de mantequilla y espolvoréala con sal (símbolo de la energía del sol) y pimienta negra (simbólica de la muerte). Come mientras piensas en todas las plantas que mueren cada año en la cosecha, y en los seres humanos y otros animales que siguen viviendo gracias a ello.

Guisado de calabaza satisfactoria

Este guisado de calabaza te ayudará a aliviar los sentimientos de angustia e insaciabilidad que a menudo nos asolan durante los «días de perros» de agosto. Utilízalo para fomentar los sentimientos de gratitud y templar la irritabilidad.

Ingredientes:
- de 5 a 7 calabazas amarillas medianas de cuello redondo o recto; a veces llamadas calabazas de verano
- 1 cebolla amarilla mediana, cortada en dados
- 1 diente de ajo, machacado y picado
- 1 taza de queso cheddar rallado
- 4 cucharadas de mantequilla
- 1 cucharadita de sal
  media cucharadita de pimienta negra
- 3 o 4 huevos grandes.

Empieza sosteniendo cada trozo de calabaza en la mano por turnos, pensando en algo que te frustre o te deje insatisfecho, y enviando estos sentimientos a través de la mano y hacia la calabaza. Siente la energía emocional de tus frustraciones y agitaciones fluyendo a través de ti y fuera de ti; visualiza la energía como una luz teñida de naranja si tienes problemas para sentirla. Lava la calabaza, visualizando que tus frustraciones yacen en el lecho de un río donde serán transformadas por la fuerza del agua corriente. A continuación, corta los extremos de los tallos de las calabazas y deséchalos. No peles la calabaza. Corta cada pieza en discos de unos dos centímetros y medio de grosor y colócalos en una olla con agua. Lleva el agua a ebullición y, mientras se calienta, piensa en el calor exterior y en tus propios deseos y cosas que te produzcan insatisfacción saliendo de la calabaza y entrando en el agua, aumentando su intensidad a medida que el contenido de la olla se calienta. Hierve la calabaza durante unos 7 minutos, hasta que esté tierna. Si es fácil pinchar la calabaza con las púas de un tenedor, está lista. Si necesitas ejercer mucha presión para que el tenedor la atraviese, deja hervir la calabaza unos minutos más. Una vez lista, escurre el agua con un colador y aparta la calabaza para que se enfríe, dejándola en el colador por el momento.

Mientras tanto, derrite la mantequilla en una sartén pequeña, añade la cebolla y el ajo y, a continuación, la sal y la pimienta.

Saltea justo hasta que las cebollas empiecen a volverse translúcidas y la fragancia del ajo se haya intensificado. Mientras salteas la mezcla, piensa en las vibraciones energéticas de la cebolla y el ajo, ambos vegetales asociados con la fuerza y el coraje. Inhala el aroma mientras se cocinan, dejando que llene tu cuerpo de una energía fuerte y valiente. Eres lo bastante fuerte como para superar cualquier frustración. Apaga el fuego y deja la sartén a un lado para que se enfríe mientras vuelves a centrar tu atención en la calabaza.

Ahora que se ha enfriado lo suficiente como para poder manipularla, presiona la calabaza con las manos o con un platillo pequeño, para exprimir todo el agua que puedas. Mientras lo haces, visualiza cualquier frustración o agitación que todavía tengas siendo exprimidas también. Ahora, machaca un poco la calabaza con el dorso de un tenedor, imaginando que estás triturando tus energías frustradas en la tierra, aplastando hasta el olvido cualquier sentimiento insatisfecho o agitado. No tienes que machacar demasiado la calabaza, solo lo suficiente para que sea una mezcla pulposa en lugar de trozos grandes y sólidos.

Echa la calabaza en un bol y añade los huevos y luego la harina, mezclando bien después de añadir cada ingrediente. Tanto la harina como el huevo tienen energías estabilizadoras, así que mientras los mezclas con la calabaza, visualiza que las energías del bol adquieren una vibración estable y tranquila. Respira lenta y profundamente mientras remueves. A continuación, añade la cebolla y el ajo, imaginando una energía de fuerza y coraje entrando en la mezcla mientras remueves. Haz que esta energía entre también en ti, visualizando el poder del ajo y la cebolla arremolinándose por todo el cuenco, subiendo por la cuchara y entrando en tu cuerpo, infundiéndote una mayor fuerza y coraje. Mantente erguido y orgulloso, como si fueras un león rugiente y valiente u otra bestia temible.

Por último, incorpora la mayor parte del queso, reservando aproximadamente un cuarto de la taza. Mientras mezclas, fija en tu rostro una expresión de total alegría y haz todo lo posible por fingir una actitud de absoluta satisfacción. Da lo mejor de ti e intenta sentir realmente el papel, como si fueras un gran actor. Llena tu cabeza de pensamientos sobre tus bendiciones y las cosas buenas de la vida. Háblate a ti mismo de cómo estás totalmente satisfecho en todas las facetas de la vida, incluso aunque este no sea realmente el caso. En pocas palabras, ¡haz como si todo fuera perfecto! Con tu sonrisa más feliz, vierte la mezcla en una fuente apta para el horno y cúbrela con el queso restante. Hornea a 200 ºC durante 15 minutos, y después reduce la temperatura a 180 ºC y hornea durante 30 minutos más, o hasta que el guisado parezca sólido y el queso de encima esté fundido y dorado. Mientras se cocina el plato, regálate un rato de diversión haciendo algo que realmente te guste, ya sea relajarte escuchando tu música favorita, leer un libro, pintar un cuadro o jugar a un videojuego. Haz algo simplemente por tu propio entretenimiento. Cuando el guisado haya terminado de cocinarse, déjalo enfriar de 5 a 10 minutos y luego disfrútalo como guarnición. Los sentimientos de irritabilidad, agitación e insatisfacción se reducirán de forma considerable, dejando espacio para la gratitud. Piensa o charla sobre las cosas de tu vida por las que te sientes feliz y agradecido mientras comes.

Tarta de manzana nutritiva

Este dulce postre está mezclado mágicamente con energías nutritivas y amorosas para ayudar a todos los que lo coman a sintonizar con las energías de la Madre Tierra. En esta época del año, cuando los frutos del vientre rebosante de la naturaleza están madurando de verdad, nosotros también podemos crecer hasta alcanzar nuestro pleno potencial. El poder mágico de esta tarta de manzana nutritiva te ayudará a sentirte bien para hacerlo.

Ingredientes:

BASE DE LA TARTA

- 1 taza de harina multipropósito
- 1 cuarto de taza de azúcar
- 1 octavo de cucharadita de sal
- media cucharadita de vainilla en polvo o canela (opcional)
- 3 o 4 cucharadas de agua fría
- 6 cucharadas de mantequilla, ablandada y cortada en dados de poco más de un centímetro.

RELLENO

- 4 manzanas medianas, lavadas y peladas (¡guarda los corazones!)
- 2 cucharadas de azúcar
- media cucharadita de canela
- varios trocitos de mantequilla.

GLASEADO

- los corazones de manzana reservados de las manzanas que vayas a utilizar, junto con varias rodajas de manzana
- 1 cuarto de taza de azúcar
- 3 cuartos de taza de agua (variará en función del tamaño y la cantidad de los trozos de manzana).

Para la base de la tarta, mezcla 1 taza de harina multipropósito, 1 cuarto de taza de azúcar y 1 octavo de cucharadita de sal. Si lo deseas, añade media cucharadita de vainilla en polvo o canela en este momento, combinándola con la harina hasta obtener una mezcla homogénea y conjurando un sentimiento de amor en tu corazón mientras lo haces. Añade 2 cucharadas de mantequilla cortada en dados de alrededor de un centímetro. Integra la mantequilla con la harina utilizando el dorso de un tenedor o una batidora de repostería. Mézclala hasta que quede bien desmenuzada, como una harina de maíz muy gruesa o una textura tipo arena húmeda. Añade 4 cucharadas más de mantequilla (también cortada en dados de alrededor de un centímetro), esta vez mezclándolas con las manos. Para incorporar mejor la mantequilla a la harina, mete las manos en la mezcla de harina y mantequilla, pellizca un poco cada vez entre las yemas de los dedos y haz una especie de movimiento giratorio con las manos para machacarlo todo junto. La clave es no machacarlo demasiado. Tan solo hay que incorporarlo un poco, dejando trozos del tamaño de un guisante en la mezcla de mantequilla y harina. Utilizar las manos es imperativo, ya que es demasiado fácil batir demasiado con una batidora u otro utensilio. Mientras integras la mantequilla, piensa que la mezcla en el bol es como la tierra, y piensa que la mantequilla es el esfuerzo y la energía que tanto los seres humanos como la naturaleza han dedicado para que la cosecha florezca. A continuación, agrega varias cucharadas de agua, añadiéndola poco a poco mientras piensas en las lluvias que ayudan a nutrir la tierra. Amasa lenta y suavemente la mezcla entre las manos hasta que empiece a unirse. Presiona suavemente la masa hasta formar una bola, aplánala un poco y, a continuación, métela en el frigorífico para que se enfríe durante unos 30 minutos.

Mientras se enfría la masa, prepara las manzanas pelándolas, descorazonándolas y cortándolas en gajos de entre medio centímetro y uno de grosor. Mientras manipulas las manzanas, piensa en lo maravillosa que es la fruta: una fruta tan común, pero tan hermosa, deliciosa y nutritiva. Envía un sentimiento de amor y gratitud a las manzanas, centrando tu mente en algo que te haga sentirte feliz, agradecido o querido mientras realizas cada corte. Guarda los corazones de las manzanas y colócalos en una cacerola pequeña junto con algunas de las rodajas de manzana. Añade a la cacerola el agua justa para cubrir los trozos de manzana y déjalo así por el momento.

Una vez que la masa se haya enfriado, colócala sobre una superficie bien enharinada y extiéndela con un rodillo hasta que tenga un grosor de unos treinta milímetros. Espolvorea harina sobre la masa y el rodillo para que no se pegue. Una vez aplanada, enrolla la masa alrededor del rodillo y luego desenróllala en un molde para tarta de unos 22 o 23 centímetros ligeramente engrasado (en realidad, cualquier molde apto para horno o fuente servirá), dejando que los bordes se superpongan a los lados del molde. Llena el interior con rodajas de manzana y espolvorea 2 cucharadas de azúcar y media cucharadita de canela. Coloca varios trocitos de mantequilla encima de las manzanas, a unos 5 o 6 centímetros de distancia. Dobla los lados de la masa sobre las manzanas hacia el centro de la fuente, solapando, pellizcando y recortando donde sea necesario. La masa no llegará a cubrir por completo el recipiente, y debe quedar un círculo de manzanas sin cubrir en el centro. No es necesario que quede perfecto en absoluto y, de hecho, una corteza con una forma única le da a la tarta un agradable toque rústico.

Cuece la tarta en el horno precalentado a 180 ºC de 40 a 45 minutos, hasta que la corteza esté crujiente y dorada. Déjala enfriar unos 10 minutos. Mientras esperas, dirige tu atención a los trozos de manzana que has colocado previamente en un cazo cubierto con un poco de agua. Caliéntalo a fuego medio, removiendo lentamente y añadiendo un cuarto de taza de azúcar y media cucharadita de canela. Deja que esta mezcla se cocine a fuego lento durante varios minutos hasta que empiece a espesar y adquiera una consistencia parecida a la de un sirope y, a continuación, apaga el fuego. Saca los trozos de manzana con una cuchara o un tenedor y deja que el glaseado se enfríe un poco. Después, unta la parte superior de la tarta con el glaseado de manzana y canela, ¡y a disfrutar!

Pan bendito

Este sencillo y tradicional pan de soda irlandés es ideal para las ofrendas del sabbat o como añadido sabroso y mágico a tus comidas festivas. Este pan ayudará a traer buena salud y buena suerte a todos los que lo reciban o lo coman.

Ingredientes:
- 3 tazas de harina multipropósito
- 1 cucharadita y media de bicarbonato sódico
- 1 taza y media de suero de leche.

Mezcla la harina y el bicarbonato, pensando en el grano que crece, el sol, la tierra y la cosecha mientras remueves los ingredientes. Añade lentamente el suero de leche, incorporándolo poco a poco hasta que la mezcla se convierta en una masa suave y grumosa. No remuevas en exceso ni seas demasiado brusco con la masa, o quedará demasiado rígida y densa. Forma con la masa un disco de unos 15 cm de diámetro; el disco debe ser redondeado en la parte superior y de unos cinco centímetros de grosor en el centro. Coloca la masa en una bandeja para hornear ligeramente engrasada o enharinada. Con un cuchillo, haz una hendidura en forma de X grande o de cruz en la superficie superior de la masa, que no llegue hasta los bordes del disco. Mientras trazas el símbolo, piensa en las fuerzas protectoras y energías que ayudan a sustentar la tierra y sus formas de vida, y reza una breve oración de bendición utilizando tus propias palabras o estas de aquí:

¡Que los dioses bendigan el pan
y que nosotros seamos bendecidos!

Hornea el pan en un horno precalentado a 200 ºC durante unos 20 o 30 minutos. Sabrás que el pan está listo cuando esté duro y ligeramente dorado por encima. Deja enfriar el pan y parte trozos para compartir y disfrutar.

Sidra de manzana especiada de la Diosa

Esta sidra ayudará a infundir a quienes la beban de una energía amorosa idónea para conectar con el espíritu de la Diosa. Puede servirse caliente o fría.

Ingredientes:
- 2 litros de sidra de manzana
- 1 rama de canela o 1 cucharadita de canela en polvo
- 1 vaina de vainilla o media cucharadita de su extracto
- 1 naranja pequeña y 3 fresas grandes
- 2 cucharadas de azúcar.

Vierte la sidra de manzana en una olla grande y empieza a hervirla a fuego medio-bajo. Mientras esperas a que se caliente, corta la naranja en rodajas circulares y las fresas en mitades. Añade el azúcar a la sidra de manzana y mézclalo todo bien, y después añade los trozos de fruta, la vaina de vainilla (cortada por un lado) o el extracto de vainilla, y la rama de canela o la canela en polvo. Remueve la mezcla de vez en cuando con un movimiento lento en el sentido de las agujas del reloj. A medida que la sidra se calienta, piensa en las energías de la fruta y las especias fluyendo hacia el líquido, infundiéndole energías de amor, belleza, pasión y alegría. Caliéntalo hasta que hierva a fuego lento, pero no dejes que la mezcla llegue a hervir del todo. Retira los trozos de fruta. Disfruta de la sidra caliente o fría, sabiendo que te llenará de la luz de la Diosa siempre que la bebas.

Artesanía

¡No hay nada como un sabbat para sentirnos como expertos artesanos! Aquí tienes algunas manualidades sencillas para hacer y utilizar en esta temporada de Lughnasadh.

Varita bendita de barba de maíz

Esta herramienta mágica fácil de fabricar es estupenda para bendecir a tus compañeros ritualistas del Lughnasadh. Impregnada con el poder del Espíritu del Maíz, un toque de una varita bendita de barba de maíz invitará a entrar a las energías de fuerza, fertilidad y prosperidad.

Necesitarás:
- un palo, de entre 15 y 23 centímetros de longitud
- una mazorca de maíz fresca, con las hojas unidas
- hilo amarillo.

Comienza seleccionando una mazorca de maíz fresca que te parezca especialmente atractiva o sana. Pela las hojas hasta la mitad y rodea con la mano la parte inferior de la mazorca. Siente las energías dentro del vegetal, y utiliza la visualización y la intencionalidad para hacer que estas energías salgan de la mazorca y entren en la barba de maíz que la rodea. Piensa en el espíritu del maíz, no solo en el trozo que sostienes en la mano, sino en todo el maíz que crece en el mundo. Imagina que esta energía fluye primero hacia el interior de la mazorca y luego vuelve a salir, magnificada, hacia la barba de maíz. Termina de quitar las hojas y, a continuación, recorta la borla de barba de maíz en la parte superior de la mazorca.

A continuación, elige un palo de unos 15 a 23 centímetros de longitud para que sirva como cuerpo principal de la varita. Asegúrate de que el palo sea flexible y/o esté verde por dentro; una varita «blanda» te servirá mejor. No la limpies; si la tierra se adhiere al palo, tanto mejor, ya que la tierra es un acompañamiento perfecto para las poderosas energías fértiles que emana de la planta del maíz. Con un trozo corto de cordel amarillo, fija la borla de barba de maíz a la parte superior de la varita, atándola a unos tres o cuatro centímetros hacia abajo desde la punta.

Tu varita bendita de barba de maíz ya está lista para su uso. Pasa ligeramente el extremo sedoso del maíz por los brazos, las manos, la cara u otras partes del cuerpo de tus ritualistas para infundirles las bendiciones del Espíritu del Maíz y aumentar su sensación de fuerza, energía y bienestar. Esta herramienta también puede utilizarse para bendecir otros utensilios. Basta con pasarla sobre la superficie de cualquier utensilio ritual para darle un toque de Lughnasadh y poder mágico. También puede utilizarse como escoba ritual en miniatura; úsala para barrer la superficie de tu altar antes de comenzar con tus ritos del Lughnasadh.

Varita bendita de barba de maíz

Tinta multiusos de bayas mágicas

Hermosas, coloridas y repletas de energía mágica, muchas bayas maduran y están listas para recoger cerca de la temporada del Lammas. Aquí tienes una receta para una tinta mágica potenciada por bayas que puede utilizarse en una variedad de amuletos y rituales estacionales.

Necesitarás:
- bayas frescas (zarzamora, arándano, frambuesa o arándano azul)
- bol resistente y vaso grueso, o mortero y mano de mortero
- tela de gasa (estopilla, muselina o encaje) o un colador de malla metálica fina
- palillo de dientes
- pincel pequeño o ramita.

Necesitarás de una a dos tazas de bayas frescas, dependiendo de la cantidad de tinta que quieras hacer. Puedes fabricar una pequeña cantidad de tinta con solo unas pocas bayas si eso es todo lo que tienes, pero si tienes muchas bayas, es mejor que utilices al menos una taza para que tengas mucho producto final con el que trabajar. Puedes utilizar distintos tipos de bayas para la tinta, o quedarte con un solo tipo. Intenta encontrar bayas sin pesticidas, cultivadas de forma local o silvestres: las moras, los arándanos, las frambuesas y los arándanos sirven estupendamente. Cuanto más maduras y oscuras sean las bayas, más pigmentada y potente será la tinta.

Lava las bayas en agua fría y viértelas en un cuenco resistente. Machácalas con el fondo de un vaso o taza pesada; si tienes un mortero, utilízalo. Mientras machacas y trituras las bayas, piensa en las cualidades que te gustaría que tuviera la tinta mágica. Podrías formular la tinta para la protección, pensando en las espinas afiladas o las hojas puntiagudas de las plantas en las que crecen las bayas e imaginando las energías defensivas de las bayas brotando, magnificadas y lo bastante poderosas como para repeler cualquier peligro. O tal vez quieras elaborar una tinta para la prosperidad; machaca las bayas mientras piensas en sus jugos dulces y abundantes corriendo libremente, en abundancia. Tal vez desees poder utilizar la tinta para diversos fines. En ese caso, piensa en todas y cada una de las cualidades que deseas hacer aflorar en las bayas mientras las machacas. Las bayas contienen energías sintonizadas con el amor, la prosperidad, la protección, la pasión y la felicidad; simplemente piensa en la vibración específica que deseas incrementar en magnitud hasta que todas las bayas rebosen de esa cualidad energética concreta.

Una vez machacadas las bayas, tendrás que colar el jugo que pronto se convertirá en tu tinta mágica. Un tejido tipo gasa como la estopilla, la muselina o incluso el encaje servirá muy bien, o puedes utilizar un colador de malla fina. Si no dispones de ninguno de estos elementos, un filtro de café te servirá en caso de apuro. Coloca las bayas en el colador o envuélvelas en la tela o el filtro de café y, a continuación, exprímelas y recoge el zumo en un cuenco. Exprime todo el zumo posible de las bayas. Cuando hayas exprimido todo el líquido, desecha las partes sólidas de las bayas y céntrate en el zumo resultante. Utiliza un palillo para remover lentamente el zumo en el cuenco mientras recitas:

Infundida con los poderes de la tierra y la luz solar,
¡lo que se escriba con esta tinta se logrará con seguridad!

Ahora que la tinta mágica está terminada, es el momento de utilizarla. Sumerge un pincel pequeño, una ramita o un palillo en la tinta de bayas y utilízala para dibujar un símbolo de tus intenciones en un trozo de papel. Puedes dibujar un pentáculo para la protección, un signo del euro para la prosperidad o un corazón para el amor y la pasión. También puedes utilizar la tinta como pintura corporal: prueba a decorarte las manos, los brazos, la cara o el pecho con tinta de bayas antes o durante tu ritual del Lammas para dar un impulso a tu poder mágico personal y a tu energía vital. Incluso puedes utilizar la tinta como pintura comestible; pinta con ella palabras o símbolos sobre tartas glaseadas, magdalenas o galletas para obtener una pizca de magia extra.

Muñeca de maíz

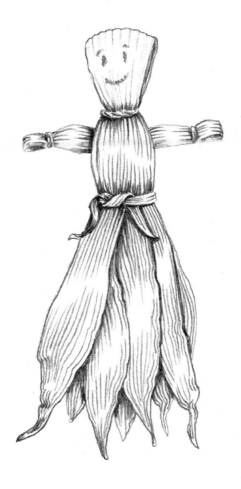

Muñeca de maíz

A los habitantes de la Inglaterra de finales del siglo XVI les gustaba hacer figuritas con hojas de maíz en la época de la cosecha. Se creía que estos amuletos mágicos protegían el hogar, el ganado y la salud personal. A continuación te explicamos cómo hacer una muñequita de maíz o «bebé kirn» para ayudar a garantizar la protección y la buena suerte de tu hogar, tu persona o tu propiedad durante este Lughnasadh y más allá.

Necesitarás:
- hojas de maíz
- tijeras
- lápiz sin punta, rotulador o cerilla quemada.

Necesitarás una mazorca de maíz para cada muñeca. Pela las hojas de la mazorca. Busca la hoja más grande y dóblala por la mitad de arriba abajo, de modo que le quede un lazo en la parte superior y dos extremos sueltos en la parte inferior. Para empezar a dar forma a la muñeca de maíz, forma la cabeza y las piernas, arranca una tira pequeña de otra hoja de maíz y átala unos dos centímetros por debajo del bucle superior de la hoja que has doblado por la mitad. Ese bucle se convierte en la cabeza, y los dos extremos que cuelgan sueltos en la parte inferior se convierten en las piernas. A continuación, elige una hoja delgada para formar los brazos de la muñeca. Aplánala y coloca la muñeca justo en el centro. Dobla cada extremo de la «cáscara del brazo» hacia el centro, solapando ligeramente los extremos. Corta una tira larga de otra hoja de maíz y átala alrededor del centro de la «cintura» de la muñeca para fijar los brazos en su sitio. Añade más hojas de maíz según desees. Puedes atar pequeños trozos alrededor del extremo de cada brazo para hacer las manos. Podrías atar tiras estrechas de hojas de maíz o las hebras sedosas de la barba de maíz a la cabeza de la muñeca para darle un mechón de pelo. Incluso puedes utilizar algunas de las hojas de maíz sobrantes para hacer ropa para la muñeca de maíz; una hoja enrollada horizontalmente alrededor de la cintura de su muñeca forma una bonita minifalda, mientras que una hilera de hojas de maíz superpuestas dispuestas verticalmente y sujetas con un «cinturón» de hojas de maíz delgado se convierte en una falda larga y completa. Por último, añade una cara a la muñeca de maíz, dibujando los rasgos con un lápiz sin punta, un rotulador permanente o el extremo carbonizado de una cerilla quemada. Coloca la muñeca al sol para que se seque y después cuélgala en tu casa, en algún lugar de tu propiedad, o llévalo encima para obtener protección mágica y fomentar la buena suerte.

Decoración

Decorar para el Lughnasadh requiere un poco más de creatividad y atención a los detalles que decorar para algunos de los otros sabbats. El Lughnasadh es una especie de fiesta intermedia, plagada de temas relacionados con la cosecha que en los tiempos modernos se asocian más a menudo con el otoño, pero que tiene lugar justo en mitad del verano según nuestros cálculos estándar de las estaciones. Tenemos el Mabon en el equinoccio de otoño para celebrar el otoño y la cosecha, y tenemos el Litha en el solsticio de verano para celebrar el sol y el verano. El Lughnasadh cae justo en medio y comparte temas comunes con ambas fiestas. Entonces, ¿cómo hacer que tu decoración del Lughnasadh destaque sobre la del Mabon o el Litha? El secreto para captar los sutiles matices del Lughnasadh está en los detalles. Piensa en lo que es específico del Lughnasadh y luego resalta lo que hace especial a la festividad añadiendo toques a la decoración de tu casa. Por ejemplo, como el Lughnasadh suele considerarse una celebración de la primera gran cosecha del año, puedes averiguar qué frutas y verduras están de temporada en tu zona y crear un sencillo centro de mesa con algunas de estas frutas y verduras locales, las «primicias». Otra idea es optar por crear un altar especial dedicado especialmente al dios celta Lugh.

Dado que el calor del verano y el sol insaciable aún persisten en la mayoría de los lugares en esta época del año, es mejor guardar las telas más pesadas y las combinaciones de colores más profundos para el Mabon, pero aún puedes añadir algunos toques de la estación más fresca del otoño que está por llegar. Prueba con tejidos texturizados en forma de cojines peludos o cortinas bordadas para incorporar esa sensación hogareña y cómoda de la época de la cosecha sin que el aspecto general resulte demasiado pesado para el verano. Elige una mezcla de colores pálidos y atrevidos, incorporando distintas tonalidades de dorados, amarillos y naranjas a tus decoraciones para el día de las fiestas. Aquí tienes algunas ideas concretas que puedes probar y que harán que tu casa tenga un aspecto festivo para la temporada.

¡Invasión de manzanas!

Nada evoca mejor el ambiente de una feria campestre de principios de agosto que una fanega de manzanas frescas y el aroma de la dulce fruta en el aire. ¿Por qué no invitas a la magia de las manzanas a tu hogar este Lughnasadh dándoles un lugar destacado en tu decoración? Estos adornos coloridos y comestibles pueden ayudar a crear un ambiente con un aire relajado y confortable pero festivo y vibrante. Coloca una gran fanega de manzanas en la esquina de una habitación, y pon cuencos más pequeños de manzanas en mesas y encimeras. Incluso puedes prescindir del cuenco y apilar las manzanas en forma de pirámide o en otra disposición creativa. Las manzanas pueden tener muchos tamaños y colores, y puedes combinarlas en diferentes arreglos para crear diversos efectos. Juega con varios tipos de manzanas diferentes, incluidas las verdes, las doradas, las rojas y las variedades rosas, y encuentra las combinaciones que más te atraigan. Puedes amplificar aún más el ambiente con temática de manzanas utilizando incienso o popurrí con aroma de manzana. O bien, puedes impregnar tu hogar con el aroma a manzana de una forma antigua y deliciosa, preparando una tanda de sidra de manzana caliente u horneando una tarta de manzanas frescas.

Altar de la Gratitud

El Lughnasadh es tradicionalmente una época para dar las gracias por nuestras bendiciones y expresar nuestra gratitud por las personas y poderes que nos han ayudado en el camino. Un Altar de la Gratitud puede servir como un lugar poderoso para hacer precisamente eso, además de tener la doble función de ser un foco de atención festivo en tu decoración. Tu Altar de la Gratitud debe ser muy personalizado, pero aquí te contamos cómo realizar el montaje básico:

Comienza colocando una tela de altar encima de una pequeña mesa que utilizarás para su altar. Puedes elegir un paño dorado para representar el éxito y la gratitud, un paño rojo para representar la energía y el sacrificio, u otro color que te parezca adecuado. Sitúate ahora ante el altar vacío y tómate un momento para pensar en todo el esfuerzo y la energía que has estado gastando a lo largo del verano, y piensa en lo que has obtenido con esos esfuerzos. Quizá seas jardinero y tus labores estivales han traído una buena cosecha de calabazas. Tal vez seas una bruja de ciudad y el trabajo que has estado haciendo en el albergue para personas sin hogar de tu zona ha sido gratificante a nivel espiritual. Ten en cuenta que el éxito no viene necesariamente en forma de monedas y billetes y montones de joyas; a veces, el éxito es sutil, pero si somos capaces de sentirlo, incluso los éxitos más pequeños tienden a multiplicarse. Tanto si tu cosecha de verano te ha traído una fanega de manzanas como una afluencia de energía creativa e inspiración, si piensas en ello, seguro que encuentras al menos cierta cantidad de éxito por la que te sientas agradecido. ¿Alguna persona o cosa ha desempeñado un papel en este éxito? Al regocijarnos con los frutos de nuestras labores estivales, también reconocemos el papel que otros han desempeñado para que esos frutos se hicieran realidad. Cuando estés ante tu altar, elabora una lista mental no solo de tus bendiciones, sino también de las personas y poderes que te han ayudado a otorgar o preservar esas bendiciones.

A continuación, busca en tu casa objetos que puedas utilizar para representar los distintos elementos de tu lista mental de gratitud. Por ejemplo, ¿estás agradecido por el amor y el apoyo de tus hijos o de tus padres? Si es así, reúne algunas fotos de estas personas especiales y colócalas en tu Altar de la Gratitud. ¿Has conseguido un nuevo trabajo o un aumento de sueldo, y estás agradecido por tener un poco más de dinero para gastar? Coloca una moneda o un billete en el altar, además de una tarjeta de visita u otro implemento que represente tu lugar de trabajo. Reúne tantos objetos como desees y colócalos en tu altar.

Después, elige un símbolo de tus propios sentimientos de gratitud para colocarlo en el altar, algo parecido a una ofrenda o un regalo. Las frutas o verduras frescas de temporada son una gran elección. Incluso podrías colocar tus ofrendas dentro de una cornucopia, un símbolo tradicional de la abundancia. Impregna la ofrenda con tu amor y gratitud sosteniéndola entre las manos y expresando tus emociones más sinceras, enviando la energía a través de las palmas de las manos o las yemas de los dedos y dirigiéndola hacia la ofrenda. Coloca la ofrenda en el altar.

Por último, decide un ritual sencillo que puedas hacer al menos una vez al día en tu Altar de la Gratitud, algo para expresar todavía más tu agradecimiento a las personas y poderes que te han ayudado a alcanzar el éxito. Podrías encender una vela y meditar durante unos momentos, o simplemente detenerte junto al altar y dar las gracias rápidamente. Para algo un poco más elaborado, piensa en componer una canción o un poema que puedas cantar o recitar, o quizás incluso puedas coreografiar una rutina de baile para interpretarla. ¿Eres un artista? Si es así, podrías crear obras de arte en miniatura para colocarlas en tu altar como ofrendas adicionales a tus ayudantes especiales. Si tu talento se inclina más hacia la repostería, plantéate la posibilidad de hornear una hogaza de pan fresco para compartir en el altar.

Elige algo personal, algo que tenga algún significado para ti y que transmita tus propios gustos o talentos. Sea lo que sea lo que elijas, realiza este ritual adicional en tu Altar de la Gratitud tanto como te sea posible a lo largo de la semana que precede al Lughnasadh y durante el resto del mes de agosto. Mantén tu altar limpio y libre de polvo o desorden, retirando cualquier ofrenda de comida caducada a su debido tiempo y limpiando el espacio con un trapo para el polvo o una escoba de altar cuando sea necesario.

Rayos de sol colgantes

Esta sencilla manualidad utiliza hojas de maíz y un tinte natural hecho con arándanos para crear un colorido adorno colgante que recuerda al sol y que resulta perfecto para los temas solares y de la cosecha del Lughnasadh. Necesitarás unas quince hojas de maíz secas para cada sol, un poco de cordel o cuerda gruesa y medio kilo de arándanos. Comienza colocando los arándanos en una olla grande y añade agua en una proporción de dos a uno. Por ejemplo, si utilizas una taza de arándanos, necesitarás dos tazas de agua. Lleva la mezcla a ebullición, y después baja la temperatura y cuécela a fuego lento durante una hora aproximadamente. Deja enfriar la mezcla y cuela los arándanos con un colador, recogiendo el líquido en un recipiente grande. Vierte la mezcla de colorante en un recipiente poco profundo o en una bandeja honda y, en ella, sumerge las hojas de maíz. Las hojas de maíz flotarán, por lo que deberás lastrarlas con una lata de comida o un plato pesado. Déjalas en el tinte toda la noche y, al día siguiente, cuelga las hojas en un tendedero, o extiéndelas sobre periódicos o colócalas en la hierba para que se sequen. Asegúrate de separar las hojas de maíz para que todas se sequen bien. El resultado será una colección de hojas de maíz teñidas de un tono morado, como un malva intenso.

Ahora, coge unas quince de estas hojas y colócalas apiladas, una encima de otra. Las hojas de maíz serán más estrechas en un extremo, así que alterna las capas para asegurarte de que el sol terminado tiene un aspecto simétrico. Ata las hojas de maíz por el centro con un trozo de cuerda gruesa o cordel. Deja un trozo de cuerda atado para poder colgar el sol una vez terminado. Lo que tienes ahora debe parecerse un poco a la forma de una pajarita.

Rayos de sol colgantes

A continuación, empieza a separar las hojas de maíz, doblando los extremos hacia el centro de la «pajarita» y creando una forma de V. Continúa doblando las hojas de esta manera, invirtiendo la dirección de la V una vez que hayas llegado más o menos a la mitad de la pila de hojas para crear un efecto de pompón. Divide las hojas de maíz a medida que avanzas para hacer cintas más estrechas y para dar al sol un aspecto más lleno. Una vez terminado, cuelga el sol en una ventana soleada, suspéndelo sobre la mesa o colócalo en cualquier lugar donde necesites añadir una pizca del estilo del Lughnasadh.

Muebles de granja

También puedes adornar tu jardín con el estilo del Lughnasadh. Piensa en los temas de agricultura y jardinería como una forma fácil de decorar utilizando objetos que probablemente ya tengas. Desentierra todas tus viejas herramientas de jardinería o aperos de labranza y colócalos en lugares llamativos de tu jardín: una pala plantada junto al buzón, una carretilla apoyada contra el viejo roble, una regadera junto a la puerta principal. Llena de tierra las macetas que no utilices, ponlas en fila en el porche delantero y coloca a su lado una cesta con paquetes de semillas y un par de guantes de jardinería, invitando a tus visitantes a que planten algo. Esparce un poco de heno por el suelo. Obtén calabazas y disponlas en pequeños grupos aquí y allá por toda tu propiedad. Puede que incluso quieras confeccionar un espantapájaros: rellena un conjunto de ropa vieja con trapos o papel de periódico, crea una cara rellenando una funda de almohada y pintándole una expresión, átalo todo para que tenga forma humana y cuélgalo de un palo alto o de una escoba que hayas clavado verticalmente en el suelo. Tu jardín parecerá un paisaje de cosecha en un santiamén.

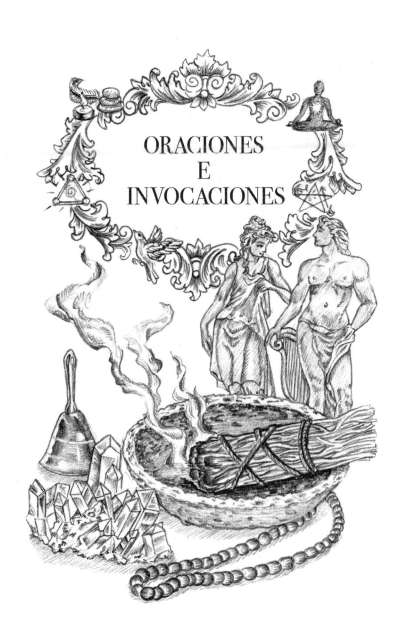

ORACIONES E INVOCACIONES

energy, birth, renewal, rejuvenation, balance, fertility, change

...th, vernal equinox, sun enters Aries, Libra in the ...ou...

...n Man, Amalthea, Aphrodite, Blodeuwedd, Eostre, Eo...

...lora, Freya, Gaia, Guinevere, Persephone, Libera, M...

...t Umay, Vila, Aengus Mac Og, Cernunnos, Herma, The...

...Mabon Osiris, Pan, Thor, abundance, growth, health, ea...

...aling, patience understanding virtue, spring, honor, contentm...

...abilities, spiritual truth, intuition, receptivity, love, inner se...

...ment, spiritual awareness, purification, childhood, innocence...

creativity, communication, concentration, divination, harmo...

...ies, prosperity, attraction, blessings, happiness, luck, money...

...dance, visions, insight, family, wishes, celebrating life cyc...

...hip, courage, attracts love, honesty, good health, emotion,...

...rovement, influence, motivation, peace, rebirth, self preserva...

...e power, freedom, optimism, new beginnings, vernal equinox...

...tion, sun, apple blossom, columbine, crocus, daffodil, daisy...

...honeysuckle, jasmine, jonquil, lilac, narcissus, orange blossom...

..., rose, the fool, the magician, the priestess, justice, the sta...

...thering, growth, abundance, eggs, seeds, honey, dill, aspara...

En este capítulo encontrarás una colección de meditaciones, oraciones e invocaciones diseñadas especialmente para el Lughnasadh. Incorpóralas a tus rituales y hechizos, o simplemente utilízalas por sí solas como una forma de conectar y sintonizar con las energías de esta bendita temporada.

Para muchos paganos, la oración es mucho más que una humilde súplica de ayuda. El acto de comunicarse directamente con los poderes superiores y suplicar su ayuda puede ser una experiencia muy práctica y cooperativa, un engranaje de pensamiento mágico y concentración espiritual con el propósito de forjar una conexión entre las propias necesidades y la capacidad de satisfacerlas. Las oraciones paganas son diferentes de las oraciones de muchas otras religiones, en el sentido de que las oraciones paganas a menudo hacen uso de técnicas mágicas con el fin de transmitir mejor los deseos y llevar a cabo las intenciones deseadas de forma más eficaz. Aunque por lo general se respeta a las deidades como fuentes de gran poder, el uso de la adulación, el soborno e incluso las amenazas para obtener la ayuda de los dioses no son poco frecuentes en la oración pagana, y también pueden incorporarse el ritmo, la repetición, la visualización y otras técnicas mágicas.

La honestidad es importante en la oración. Todos tenemos nuestras propias concepciones únicas de la Divinidad, y tus oraciones serán más eficaces cuando estén alineadas para adaptarse a tu comprensión personal de los poderes a los que rezas. Si no te parece correcto dirigirte a un dios de determinada manera, ¡no lo hagas! Asegúrate de que tus oraciones resulten naturales y honestas, congruentes con tu propio sistema de creencias, necesidades y deseos personales.

Ten en cuenta también que una plegaria no es un fin en sí mismo; para muchos paganos modernos, una plegaria es un impulso adicional, un refuerzo adicional, pero no es en absoluto lo único que hay que hacer. Las acciones personales para respaldar la plegaria se consideran a menudo esenciales para ganarse el favor de las fuerzas cuya ayuda se ha suscitado. Cuando rezamos, también reconocemos al dios que llevamos dentro; al pedir ayuda exterior, también activamos nuestro propio potencial divino interior.

En este capítulo también encontrarás algunas sugerencias de meditaciones para probar este Lughnasadh. La meditación es el acto de pasar tiempo en un estado de quietud mental o de concentración dirigida con el propósito de alcanzar objetivos espirituales o simplemente para inducir la relajación. La meditación puede adoptar muchas formas, desde aspirar a un estado de absoluta quietud mental hasta dirigir la atención a un único punto como el movimiento de la propia respiración o un mantra cantado. La meditación puede adoptar la forma de una ensoñación dirigida, un momento en el que la imaginación y la intuición unen sus fuerzas para lograr un estado mental y espiritual mágico en el que los pensamientos astrales pueden manifestarse en la realidad, el plano físico.

También encontrarás varias invocaciones en este capítulo. La invocación es un proceso mágico en el que se llama a un espíritu o dios a la forma física de una persona u objeto. La persona u objeto se convierte en la forma del dios o el espíritu invocado en ella, un canal abierto a través del cual la entidad invocada puede entrar e interactuar con el mundo físico mundano.

Tanto si estás invocando a un espíritu, meditando o rezando, es útil tomarse un momento antes para vaciar la mente de pensamientos relacionados con tu propia vida o tu identidad personal. Despréndete del ego e intenta abrirte lo mejor que puedas, convirtiéndote en un recipiente vacío en el que puedan verterse el espíritu y el conocimiento espiritual. Respira hondo antes de empezar y confía en tu propia sabiduría interior para que te guíe.

Tómate la libertad de adaptar, ampliar y desarrollar como desees cualquiera de las oraciones, invocaciones y meditaciones que figuran a continuación.

Invocación de Lugh

Gran Lugh, Tú, cuya madre es Ethniu
(pronunciado ÉN-yu),
Tú que eres el hijo adoptivo de Tailtiu
(pronunciado TÁL-chi-uh),
¡te invoco! Gran Lugh,
Tú, cuyo padre es Cian
(pronunciado QUIN),
¡obsérvame!
Escucha mis palabras, gran Lugh;
¡escucha mi súplica, gran dios de la habilidad y la guerra!
Tú que llevas la gran espada,
¡te pido que entres en mí ahora!
Gran Lugh, tú que eres diestro en todas las artes del hombre,
¡entra en mí ahora!
¡Gran Lugh, el atacante feroz!
Gran Lugh, tú, cuyo brazo es largo y alcance es fuerte,
¡te invoco para que entres en mí ahora!
Resplandeciente de la mano fuerte,
¡entra en mí ahora!
¡Liberador de los Tuatha Dé Danann!
¡Protector de la tierra!
¡Gran Lugh, entra en mí!
Une tu destreza a la mía;
¡que estos brazos empuñen tu poderosa lanza!

¡Gran Lugh, entra en mí!
Este cuerpo es tuyo. Este recipiente es tuyo para llenarlo.
¡Este aliento, esta sangre, estos huesos son tuyos!
¡Toma posesión de mí, gran Lugh!
¡Gran Lugh, toma posesión, entra en mí ahora!

Oración a Lugh para obtener fuerza y habilidad

¡Señor Lugh, gran rey!
¡Tú que eres poderoso! ¡Tú que eres grande!
¡Poseedor de una habilidad sin medida!
¡Poseedor de una fuerza incomparable!
Te pido, señor Lugh,
que ayudes a uno de tus dedicados guerreros.
¡Por favor, ayúdame, Lugh,
a aumentar mi fuerza y habilidad!
¡Mis victorias son tuyas, señor Lugh!
¡Mis logros son tuyos, señor Lugh!
¡Mis trofeos y tesoros, ganados con fuerza y habilidad,
son tuyos, Señor Lugh!
¡Une tu fuerza a la mía, señor Lugh!
¡Llena mi mente y mis manos con tu habilidad, señor Lugh!
Si fracaso, ¡que mi fracaso sea el tuyo!
Si soy débil, ¡que mi debilidad sea la tuya!
¡Escúchame ahora, señor Lugh, y cuida de los tuyos!
¡Lléname de fuerza y de habilidad!
¡Une tu poder, señor Lugh, al mío!
Las victorias serán tuyas.
Los logros serán tuyos:
La gloria, los trofeos, los tesoros, ¡serán tuyos!
¡Te lo doy todo a ti, señor Lugh,
para que juntos prevalezcamos!
¡Que tu guerrero prevalezca, señor Lugh!

¡Que no haya lugar para el fracaso!
¡Que no haya lugar para el retroceso!
Toma mis manos entre las tuyas, señor Lugh;
¡dame fuerza y habilidad para servirte bien!

Oración a Lugh para la protección de la tierra

Lugh, hijo adoptivo de Tailtiu,
hijastro de aquella que es la madre de los campos arados,
¡te pido que me escuches ahora, Lugh!
¡Tu madre te necesita!
¡Tu novia, la tierra, te espera!
Tú eres el rey de esta tierra;
¡protege tu derecho soberano!
Rey Lugh, ¡te pido que protejas esta tierra!
¡Protege esta tierra!
¡Protege esta tierra sobre la que estamos!
¡Acaba con las tormentas con tu lanza, Lugh!
¡Acaba con las plagas con tu espada de poder!
¡Aleja todas las amenazas de esta tierra, de este suelo!
¡Protege esta tierra con tu poderoso poder!
Protege esta tierra, ¡tu propio reino sagrado!
¡Envía aquí tu fuerza, tu poder y tu protección!
¡Fuerza! ¡Poder! ¡Protección!
¡La poderosa lanza y la espada de Lugh están en lo alto!
¡Aquí nadie puede hacer daño!
¡Aquí no vendrán tormentas!
¡Aquí caerán lluvias suaves!
¡Aquí brillarán los rayos del sol!
¡Si el gran Lugh lo decreta, así será!
¡Protege este lugar, Lugh! ¡Así será!

Invocación de Danu

Querida Danu, ¡gran diosa!
¡Madre de los Tuatha!
¡Gran señora del agua!
¡Gran gobernante de la tierra!
Querida Danu, gran diosa, ¡te invoco!
¡Lléname de tu fuerza!
¡Lléname de tu gracia!
¡Lléname de tu poder!
¡Que tus ojos miren a través de mi cara!
Gran Danu,
¡madre del río!
¡Madre de la Tierra!
¡Madre del Pueblo!
¡Ven a mis manos!
Danu, ¡te invoco!
¡Ven a mí ahora!
¡Gran madre, gran Danu, entra en mí ahora!

Oración a Danu para la abundancia

Querida Danu, madre mía,
¡escúchame, por favor!
¡Gran diosa de la tierra!
¡Gran dama del agua!
¡Gran madre del verde que crece!
Querida Danu, madre mía, ¡te lo ruego!
Como la tierra, ¡que mi vida se llene de abundancia!
¡Que los campos rebosen de hortalizas maduras!
¡Que mi cartera rebose de riqueza!
¡Que los árboles estén cargados de frutos maduros!

¡Que mis bolsillos estén cargados de riquezas!
Gran Danu, madre misericordiosa,
¡bendíceme como bendices a la tierra!
¡Trae abundancia a la tierra!
¡Trae abundancia a mi mano!
¡Trae abundancia a la tierra!
¡Trae abundancia a mi mano!
Gran Danu, bondadosa Danu,
¡a ti te ruego de todo corazón!
¡Trae abundancia a la tierra!
¡Trae abundancia a mi corazón!

Oración a Danu para la victoria

¡Madre Danu, gran diosa!
¡Gran Reina de la tierra y de las aguas!
¡Soy uno de los tuyos, gran Danu!
¡Por favor, escúchame, gran diosa!
¡Guíame hacia la victoria!
¡Hazme valiente, fuerte y feroz como uno de los tuyos!
¡Soy uno de los tuyos, gran Danu!
¡Guíame a la victoria como a uno de los tuyos!
¡Rompo mis obstáculos!
¡Pisoteo a mis retadores!
¡Aplasto la derrota como a un pequeño insecto!
¡La victoria es mía y tuya, gran Danu!
¡Guíame, gran diosa, para servirte bien!
Junto a ti, ¡conquistaré!
Por ti,¡ ganaré!
¡La gloria de la victoria es solo tuya, gran Danu!
¡Hazme feroz!
¡Hazme valiente!
¡Conquistemos!

¡Venzamos!
Como la gran Danu lo quiera,
¡así ganaremos!

Meditación de gratitud

Mientras los campos fructifican y nos ofrecen su abundante cosecha, el Lughnasadh es un momento apropiado para una meditación de gratitud. Aprovecha esta oportunidad para reflexionar sobre todas las bendiciones de tu vida. Busca un lugar tranquilo para hacer esta meditación, preferiblemente al aire libre. Cierra los ojos y deja que tus pensamientos se asienten. Observa tus pensamientos y emociones, dejándolos fluir a través de ti con libertad. Puede pasar algún tiempo antes de que tu mente se aclare, así que sé paciente y no luches contra tu mente. Tan solo deja que ocurra e intenta no aferrarte a ningún pensamiento o emoción en particular que te atraviese. Una vez que sientas que tu mente está lo más clara y asentada posible, comienza la meditación.

Imagínate rodeado de un campo de frutas, verduras o cereales maduros. ¿Cómo te sientes rodeado de esta abundancia? Mira hacia los límites del campo. ¿Ves o percibes imágenes de otras cosas en tu vida por las que estás agradecido? ¿Hay amigos? ¿Familiares? ¿Circunstancias afortunadas que hayan ocurrido recientemente?

¿Tienes algún mensaje que transmitir a este «campo de sueños»? Expresa tus sentimientos de gratitud proyectando tus pensamientos y emociones hacia el espacio visualizado que te rodea. Puedes incluso imaginarte a ti mismo haciendo regalos a cada persona o circunstancia que aparezca en tu visión. Cuando hayas terminado, abre los ojos, respira lenta y profundamente y vuelve a entrar en un estado de conciencia despierta normal. Dedica algún tiempo a reflexionar sobre tu experiencia. Puede que quieras escribir sobre lo sucedido o tal vez hacer un dibujo de tus visiones y emociones.

Meditación sobre la siembra y la cosecha

Para los que no somos jardineros ni agricultores, relacionar nuestras propias vidas con las ideas de cosechar y sembrar puede ser útil para conectarnos con las energías de la temporada del Lughnasadh. Prueba con esta sencilla meditación. Siéntate de forma cómoda, deja que tus pensamientos vaguen y se asienten, y luego comienza.

Imagínate en un campo vacío. La tierra aún no ha sido labrada. Mira a tu alrededor. ¿Ves alguna herramienta de jardinería que puedas utilizar para labrar la tierra? Imagínate preparando el campo para la siembra y piensa en los preparativos, esfuerzos y la planificación que has realizado para alcanzar tus propios sueños personales y objetivos vitales. Ahora, observa tu cuerpo. ¿Llevas semillas, quizás en los bolsillos o en una bolsa atada a la espalda o colgada del costado? Toma las semillas en la mano y examínalas. ¿Qué sueños y objetivos representan estas semillas? ¿Tienes esperanzas o dudas de que lleguen a fructificar con plenitud?

Imagina la luz del sol brillando sobre las semillas que tienes en la mano, llenándolas de una energía mágica y fértil que garantizará su crecimiento. Ahora, imagínate plantando tus semillas del sueño supercargadas, una a una, aplanando con cuidado la tierra blanda alrededor de cada una. Imagínate echando agua sobre las semillas y contémplalas brotar y crecer ante tus ojos. ¿En qué se convertirán estos pequeños brotes? Imagínate las plantas de tus sueños creciendo hasta alcanzar la plena madurez, y visualiza el «fruto» maduro de tu creación. Visualiza que todos tus sueños y objetivos se han hecho realidad, y mírate experimentando la alegría y la satisfacción de ese futuro momento de certeza en el que sabrás que has recogido tu cosecha con éxito. Imagínate a ti mismo alejándote del campo, sonriente y confiado. Vuelve a tu conciencia cotidiana y realiza al menos una acción sólida y física para alcanzar tus objetivos.

Oración para la Consagración del Pan

¡Gran espíritu de la cosecha!
¡Gran madre del grano!
Este pan es tu cuerpo; ¡ven a él!
¡Gran diosa de la abundancia!
¡Gran diosa de los campos fructíferos!
Este pan es tu cuerpo; ¡ven a él!
¡Gran diosa de la cosecha!
¡Gran madre del grano!
¡Llena este pan con tu espíritu!
¡Llena nuestros cuerpos con tu espíritu!
¡Déjanos saborear la carne del espíritu vivo!
¡Bendice este pan y conviértelo en tu cuerpo!
¡Tu cuerpo santo será como nuestro pan!
Este pan es la carne de tu espíritu vivo,
¡y acogemos tu cuerpo para que esté en el nuestro!

Oración a Ops para la fertilidad de la mente, el cuerpo y el espíritu

Gran Ops, Opis,
¡dama de la tierra, de los campos, de las cosas que crecen!
¡Señora de la fertilidad y la abundancia!
¡Gran diosa de la prolífica abundancia!
¡Gran diosa de los frutos y los granos!
¡Escucha mi súplica, gran señora!

¡Hazme fértil como los campos!
¡Prolífico como los árboles frutales!
¡Déjame manifestar mis deseos
como tú manifiestas los frutos y los granos!
¡Tócame, Ops, y hazme fértil!
¡Tócame, Ops, y ayúdame a crecer!
Hazme como un campo cultivado, ¡listo para la semilla!
¡Hazme fértil y próspero!
¡Prolífico y pródigo como los campos y los árboles!
¡Tócame, gran Ops, y concédeme tu bendición!
¡Hazme fértil y próspero!
¡Permíteme crecer!
Si el gran Ops lo decreta,
¡así será!

Oración a las ninfas para la protección de los árboles

Amigas de Artemisa,
¡protectoras de los árboles!
¡Defensoras de la arboleda!
¡Doncellas guerreras del bosque!
¡Protectoras de las alturas de la montaña!
¡Escuchadme ahora!
¡Grandes protectoras del poderoso roble!
¡Grandes guerreras del fresno!
¡Cuidadoras de la manzana!
¡Defensoras de la nuez!
¡Protectoras de la morera!
¡Guerreras del laurel!
¡Cuidadoras del olmo!
¡Defensoras de las montañas!
¡Protectoras de las arboledas sagradas!
¡Guerreras de los valles!

¡Cuidadoras de las cañadas!
¡Escuchadme ahora y proteged a los vuestros!
¡Levantaos, poderosas doncellas,
y proteged a los vuestros!
¡Proteged los árboles de toda la tierra!
¡Que ningún daño venga de la mano del hombre!
¡Otorgad toda vuestra fuerza y poder
a los árboles, para que prosperen y florezcan!
¡Guerreras, defensoras, protectoras de los árboles!
¡Escuchadme!
¡Debéis alzaros y proteger a los vuestros!
¡Extended las manos y proteged a los vuestros!
Tanto cercanos como lejanos, ¡son vuestros!
Vuestros sagrados parientes tienen una gran necesidad,
¡y ahora vuestra obligación es servir!
¡Levantaos, grandes ninfas, estéis cerca o lejos!
¡Proteged los árboles que tanto apreciáis!
¡Ni una sierra cortará la corteza!
¡Ni una tormenta congelará la copa!
¡Ni un hacha los talará!
¡Los árboles seguirán sanos para siempre!

RITUALES
DE
CELEBRACIÓN

El Lughnasadh es una época de cosecha, una época de creación y culminación, una época de unión y de sacrificio. Es un gran momento para los rituales destinados a expresar gratitud por las bondades de la vida y a reforzar la protección de la tierra y de sus plantas. También es un gran momento para sintonizar con las energías de la Madre Tierra y conectar con el espíritu de la vegetación. En este capítulo encontrarás varios rituales especialmente diseñados para ayudarte a aprovechar al máximo la magia y el misterio de esta temporada.

Los rituales son diferentes de los hechizos, aunque se pueden realizar hechizos durante el transcurso de un ritual. Los rituales suelen ser (aunque no necesariamente) más profundos y complejos que los hechizos, y sus efectos tienden a ser más duraderos. En un ritual suele haber comunicación directa y contacto con entidades espirituales superiores, mientras que esto puede ocurrir o no con un hechizo. Hay un propósito espiritual en el arte del ritual, un valor otorgado a la experiencia en sí misma, independiente del resultado mágico. Un hechizo puede tener o no un propósito espiritual, mientras que un ritual siempre lo tiene.

A continuación encontrarás un ritual para hacer con un grupo más grande, un ritual para la práctica en solitario, un ritual para hacer en pareja y un breve ritual muy rápido para hacer cuando solo dispongas de unos momentos. Tómate la libertad de personalizar estos rituales con tus propios ajustes y añadidos.

Ritual de grupo para honrar al maíz

Te resultará más fácil y mucho más divertido si haces este ritual con un grupo, pero también es eficaz como ritual en solitario o para dos personas. Este ritual honra al espíritu de la vegetación que ha dado su vida y su energía por el bien de la cosecha.

Propósito:

El objetivo de este ritual es mostrar respeto al espíritu de la vegetación y expresar gratitud por la cosecha, permitiendo a los ritualistas conectar de una forma más profunda con estas energías y sintonizar con el flujo estacional.

Entorno:

A última hora de la tarde, cuando empieza a anochecer, al aire libre en tu propio patio o jardín, o cerca de la orilla de un río, en un campo, en la cima de una colina o en otra zona tranquila.

Suministros:

- gran cantidad de hojas de maíz, palos, gavillas de trigo
- cuerda pesada o cordel
- tijeras para trabajos pesados
- comida y/o bebida para las ofrendas (puedes elegir fruta, pan, cerveza, hidromiel, vino, agua, etc.)
- merienda o comida sencilla para que los ritualistas la compartan
- silla
- pintura (opcional)
- copa de agua (opcional)
- tambor de mano (opcional)
- cojín pequeño
- flores o coronas.

Preparaciones previas al ritual:

Para prepararte para este ritual, dedica algún tiempo a pensar en esta primera gran cosecha del verano, tanto la cosecha literal de las plantas en crecimiento, como la cosecha metafórica de todas las cosas buenas que tu propio trabajo y esfuerzo te han aportado. Piensa en el sacrificio que has necesitado para conseguirlo, y conecta con tus sentimientos sinceros y genuinos respecto a este sacrificio, ya sean sentimientos de gratitud, pena o miedo. También tendrás que colocar una silla (quizás añadiéndole un pequeño cojín si lo deseas) dentro del espacio ritual.

El ritual:

En primer lugar, tendrás que crear una efigie o representación simbólica del espíritu de la vegetación. Necesitarás una buena provisión de hojas de maíz, palos, gavillas de trigo u otro material vegetal. Aunque hayas reunido estos materiales de antemano, echa un vistazo al lugar elegido para el ritual y comprueba si hay algo más que puedas añadir. También necesitarás tener a mano un cordel resistente y unas tijeras.

Haz que todos trabajen juntos para construir la efigie. Elige un palo y rodéalo con un grueso manojo de materia vegetal, y ata a su alrededor unos trozos de cuerda para fijarlo al palo. Ya tienes el torso o cuerpo de tu dios de la cosecha. Ata más palos y materia vegetal para crear los brazos, las piernas y la cabeza. Utiliza las hojas de maíz para terminar la creación, alisándolas y cubriendo las distintas partes para dar al muñeco más volumen y un aspecto más redondeado. Crea el pelo con el trigo y añade una cara pintando una hoja de maíz y atándola a la cabeza con cuerda.

Ahora ya estás listo para comenzar el ritual. Puedes empezar por trazar un círculo. El trazado de un círculo es una técnica ritual que encierra un espacio específico (como tu espacio de trabajo mágico) dentro de un campo en forma de orbe de energía positiva. El círculo sirve para mantener fuera las energías no deseadas y para mantener dentro las energías deseadas. Cuando se traza un círculo, las energías necesarias para el trabajo mágico «permanecerán en su sitio» más fácilmente mientras estén siendo magnificadas, reprogramadas y redirigidas a través de las acciones de los ritualistas.

El que hagas o no del trazado del círculo una parte del proceso mágico depende de ti, al igual que también depende de ti cómo lo hagas si es que decides hacerlo. Podrías proyectar un sentimiento de amor y luz desde los ojos, las manos o a través de la punta de tu varita, enviando este sentimiento al espacio ritual y rodeando la zona con un orbe de luz sagrada. Puedes colocar un anillo de piedras protectoras alrededor del espacio. Puedes simplemente visualizar un círculo de poder positivo y protector. Existen muchos métodos para trazar círculos y, si experimentas, probablemente encontrarás una técnica que se adapte a ti. Dado que se trata de un ritual del Lughnasadh, puedes plantearte la posibilidad de dar a la operación del trazado del círculo un giro relacionado con la cosecha, trazando el círculo con una copa de agua para simbolizar la vida y la fertilidad, y usando una ramita de trigo seco para simbolizar el sacrificio y la abundancia de la primera cosecha.

Haz que el grupo se coloque en círculo y elige a un líder para realizar las tareas principales del trazado del círculo, aunque todos los miembros del grupo pueden y deben participar en el proceso. El líder comienza sumergiendo el trigo en el agua y sosteniéndolo hacia fuera, apuntando lejos del cuerpo como si fuera una varita mágica. A continuación, el líder centra sus pensamientos en la energía que aún reside en el trigo, percibiendo también la fuerza vital que fluye a través del agua que lo cubre. A medida que las energías del trigo y del agua se mezclan, el líder envía a través del tallo del trigo el poder de su propia energía llena de amor, conjurando un sentimiento de alegría, amor y luminosidad y proyectando este sentimiento por todo su cuerpo, bajando por su brazo, recorriendo el trigo y saliendo hacia el espacio ritual. El líder puede imaginarse esta fuerza expulsando cualquier energía negativa que persista en el círculo, llenando todo el espacio con el poder lleno de amor que emana de la punta del trigo. Los demás ritualistas pueden unirse y ayudar, manteniendo las palmas de las manos abiertas y hacia fuera y dirigiendo su propia energía llena de amor a través de sus palmas y hacia el círculo. Por último, el líder debe sellar el círculo, centrando su voluntad y su intencionalidad en contener la energía dentro del mismo y mantener fuera a cualquier energía externa, a menos que se la invite específicamente a entrar en el espacio mágico.

Ahora es el momento de enviar dichas invitaciones, dando la bienvenida a cualquier deidad o poder con los que deseéis trabajar e invitándoles a entrar en el círculo durante el transcurso del rito. Dejad la invitación al espíritu de la vegetación para el final, ya que se invocará a esta entidad directamente en la efigie que se hizo antes del ritual. Cuando estéis listos, colocad la efigie en el altar si utilizáis uno, o bien ponedla directamente en el suelo en el centro del espacio ritual.

Haz que todos coloquen las manos sobre la efigie. Dirigid vuestros pensamientos, emociones y visualizaciones hacia la tierra, la vegetación, la cosecha. Con todas las manos sobre la efigie, recitad:

Espíritu de la cosecha, espíritu de la tierra en verano,
¡entra en tu cuerpo; entra por nuestras manos!

Repetid este canto hasta que haya una diferencia evidente en la sensación que produce la efigie; puede que se vuelva caliente al tacto, o particularmente vibrante, o quizás comience a latir, casi como si respirara. Puede que sintáis una presencia, un espíritu poderoso entre vosotros que antes no estaba allí. Independientemente de cómo se manifieste, si la invocación tiene éxito, en algún momento debería quedar bastante claro que el espíritu de la vegetación ha fijado efectivamente su residencia temporal en el interior de la efigie. Una vez que esto ocurra, el líder del ritual debe colocar una de las manos sobre la cabeza de la efigie y la otra sobre el pecho de la efigie, aproximadamente donde estaría el corazón. Los demás ritualistas deben empezar a caminar alrededor del círculo en el sentido de las agujas del reloj para aumentar la energía dentro del espacio con el fin de ayudar a solidificar y sellar la invocación. Tamborilear a un ritmo constante como los latidos del corazón en esta fase puede ayudar en el proceso. Con las manos aún colocadas sobre la efigie, el líder del ritual debe recitar en un crescendo:

El espíritu reside dentro de esto, ¡y dentro de esto se cose el espíritu!

El canto se repite hasta que el líder del ritual sienta que la invocación está completa, y que la efigie está ahora animada con el espíritu vivo de la vegetación.

Llegados a este punto, el grupo debe hacer pasar un buen rato al espíritu de la vegetación de cualquier forma que le parezca adecuada. En primer lugar, si la efigie ha estado tumbada en el suelo, dadle un lugar más agradable para descansar, colocándola sobre la silla y proporcionándole un cojín blando para mayor comodidad y opulencia. Puede que también queráis agasajar a vuestro huésped de honor con algunas libaciones, vertiéndole cerveza, agua u otra bebida en la boca. Si tenéis tambores, tocad algo de música animada y bailad un rato. Incluso podéis turnaros para bailar con el propio espíritu de la vegetación. Expresad vuestra gratitud al espíritu de la vegetación, dándole las gracias por la cosecha actual y reconociendo el trabajo continuo que el espíritu debe realizar durante el resto de la temporada de cultivo. Dejad que la fiesta decaiga de forma natural, ralentizando los tambores a un ritmo más suave a medida que todo el mundo empiece a quedarse sin fuerzas. Colocad cualquier flor o corona sobre la efigie y dejadla donde está, o dadle un espacio prominente en el jardín hasta la segunda o la tercera cosecha, cuando podrá incorporarse a otros rituales según la elección personal y las tradiciones.

Ritual en solitario: Un día en la vida de la Diosa

En la tradición celta, durante el Lughnasadh no se honraba originalmente a Lugh, sino a la divina madrastra de Lugh, Tailtiu. De ahí que se instituyeran los juegos de Tailteann en honor a su labor y sacrificio en la preparación de los campos de Irlanda para la agricultura. El Lughnasadh es un gran momento para honrar las energías de las diosas en tu propia vida, dar las gracias a la Madre Tierra y reconectar con las cualidades divinas de la belleza, la compasión, la inspiración y la tenacidad. Aquí tienes un ritual que te ayudará a hacerlo. Aunque está diseñado especialmente para la práctica en solitario, también puede ser realizado por parejas y grupos.

Como es un ritual de un día de duración, esta ceremonia es un poco diferente del rito típico de los sabbats. Tendrás que comenzar con este ritual a primera hora de la mañana.

Propósito:

Este ritual te ayudará a entrar en contacto con las energías de la Diosa y a sincronizarte con el flujo de energía de la estación.

Entorno:

En el interior o al aire libre, comenzando a primera hora de la mañana y continuando hasta la puesta de sol.

Suministros:

- una manzana pequeña
- un *athame* u otra hoja pequeña.

Preparaciones previas al ritual:

Date un baño ritual purificador o una ducha antes de comenzar el ritual, imaginando que cualquier energía negativa o rancia fluye fuera de tu cuerpo y dentro del agua, dejándote limpio, fresco, y equilibrado. Si lo deseas, vístete de una forma que creas que te ayudará a sintonizar con las energías de la Diosa; puedes elegir telas de color blanco, rojo, negro o plateado, o puedes llevar joyas con símbolos de la Diosa como lunas o peras.

El ritual:

Elige una manzana pequeña (cuanto más pequeña sea, mejor, ya que la llevarás contigo durante todo el día). Sostén la manzana en la mano y pide a las energías de la diosa que entren en la fruta y pasen el día contigo. Piensa en esta energía de la Diosa de la forma en que la concibas personalmente; puedes invocar a una diosa concreta por su nombre o simplemente pensar en las características que asocias con la feminidad, la maternidad y la fuerza y el poder femeninos.

Ahora es el momento de pensar en cómo podríais pasar el día la Diosa y tú. Puedes plantearte la posibilidad de realizar varias actividades diferentes para entrar en contacto con diversas energías de la Diosa. Por ejemplo, puedes optar por una actividad para conectar con la idea de la Belleza, una actividad para conectar con la idea de la Compasión, una actividad para conectar con la idea de la Tenacidad y una actividad para conectar con la idea de la Inspiración. A continuación encontrarás sugerencias de actividades para conectar con cada una de estas energías de la Diosa, pero de ninguna manera debes sentirte limitado o restringido por esto. Puedes elegir cualidades adicionales o cualidades completamente diferentes en las que centrarte, y puedes escoger las actividades que te parezcan más atractivas. Lo que encontrarás debajo son sugerencias que te ayudarán a imaginar cómo podría desarrollarse tu propio ritual creativo. Sean cuales sean las actividades que elijas para el ritual, coloca la manzana en un bolsillo, bolso, bolsa o mochila antes de empezar, y mantén la fruta junto a ti durante el transcurso de las aventuras del día.

Si la belleza es una de las cualidades de la Diosa con la que deseas conectar, plantéate la posibilidad de empezar el día cuidando un poco más de tu aspecto. Ponte algo que te haga sentir atractivo y recuerda que hoy la Diosa también lleva esa ropa. Piensa en las personas más atractivas y bellas que puedas imaginar, y visualiza esta belleza como una luz radiante y dorada. Imagina que esta luz entra en ti, internándose en tu cuerpo a través del pecho y luego fluye hacia arriba y vuelve a brillar a través de tu rostro, ahora mágicamente mejorado y bello. Siéntete atractivo y camina como si te sintieras atractivo.

¿No tienes tanta confianza? Finge que sí si es necesario; haz como si fueras un actor impresionante que está actuando como la persona más bella de la tierra, y ajusta tu postura, tus andares y tus expresiones faciales para que concuerden con eso. Sal a dar un paseo por algún lugar donde sea probable que te encuentres con otras personas. Visualiza tu belleza irradiando hacia fuera para afectar a todas las personas junto a las que pases o que te encuentres, encantando sus corazones, mentes y cuerpos con un sentimiento de confianza, emoción y alegría. También puedes conectar con la idea de belleza dedicando un tiempo a disfrutar de la belleza de la naturaleza; puedes dar una vuelta por el jardín o un paseo por la orilla del río mientras te esfuerzas por percibir tanta belleza en el mundo exterior y sus criaturas como te sea posible.

A continuación, puedes decidir centrarte en la cualidad de diosa de la Compasión. Intenta invocar esta cualidad en la medida de lo posible y elige algo agradable que hacer por alguien. Podrías donar comida o ropa a los necesitados, o simplemente escuchar a alguien que se sienta solo y afligido y que necesite a alguien afectuoso con quien hablar. Tan solo asegúrate de que lo que elijas hacer sea realmente de corazón; los actos de «caridad» que se realizan con el único objetivo de alardear son frívolos y no producirán los efectos deseados para este ritual.

Para la siguiente etapa del ritual, puedes elegir conectar con la cualidad de diosa de la Inspiración. Para ser inspirador, primero tienes que estar inspirado, así que ve a un lugar que te parezca especial, algún sitio que revigorice tu mente y dé energía a tu espíritu. Puede ser un parque, un museo de arte, una playa, la casa de un amigo o incluso un concierto de rock; la cuestión es hacer algo que te guste, algo que te haga sentir renovado y lleno de energía creativa fresca. Una vez que estés en ese punto, es posible que contagies esa buena sensación. Conviértete en una musa: puedes decirle algo inspirador a un perfecto desconocido, hacer algo de arte con tiza en el parque y dejar la tiza allí para que otros puedan continuar con la obra, ir a un club de baile y animar a la gente tímida a levantarse y bailar, regalar a alguien un instrumento musical o material de arte, o cualquier cantidad de actos igualmente inspiradores. Céntrate en fomentar la creatividad y la imaginación para que fluya a través de todas las personas con las que te encuentres, y no te equivocarás.

Por último, puedes centrarte en la energía de la diosa de la Tenacidad. Para ello, necesitarás encontrar algún trabajo real que hacer, algo que requiera un gran esfuerzo, resistencia y determinación para llevarlo a cabo. Podrías conectar todavía más con las energías de la diosa eligiendo una actividad que sea un verdadero gesto de amor, realizado en beneficio de alguien o de algo que no seas tú mismo. Al fin y al cabo, el amor y la compasión suelen ser el combustible de la tenacidad. Si eres físicamente capaz, podrías limpiar un parque local o pasar algún tiempo recogiendo basura en un barrio contaminado. Otra opción es ofrecerte voluntario para ayudar a un vecino o amigo necesitado: pregunta por ahí y lo más probable es que encuentres a alguien dispuesto a aceptar tu ofrecimiento con gratitud.

Puede que pienses que un reto más personal será mejor para mostrarte los entresijos de lo que significa ser tenaz. Si ese es el caso, podrías utilizar el hecho de romper un mal hábito o evitar un tentempié poco saludable pero que te guste mucho como forma de potenciar tu tenacidad y entrar en contacto con este aspecto fuerte y decidido de las energías de la diosa. Esta parte del ritual puede llegar a durar tanto como tú quieras y seas capaz de soportar, y dependerá mucho de la actividad que hayas seleccionado. Si has elegido algo como evitar los cigarrillos, plantéate la posibilidad de dejar de fumar incluso una vez finalizado el ritual. Si has decidido hacer algo de ejercicio físico, no te desgastes más allá de tus límites. Elijas lo que elijas, asegúrate de que sea un reto y, lo más importante, ten siempre presente tu salud y bienestar general.

Cuando llegue la noche, la manzana diosa y tú habréis tenido un largo día. Saca la manzana y sostenla en la mano mientras te sientas y te relajas en algún lugar cómodo. Puede ser tu sillón reclinable favorito, un banco de un parque local o una esterilla frente a tu altar. Descansa un poco con la manzana en la mano, respirando con lentitud y reflexionando sobre todas las actividades del día que la diosa manzana y tú habéis compartido. Una vez que hayas pasado un rato reflexionando y hayas recuperado tus reservas de energía, es hora de pasar a la fase final del ritual.

Coloca la manzana en tu altar o en el centro de tu espacio ritual. Si lo deseas, traza un círculo mágico alrededor de la zona. Las energías de la diosa ya están allí en la manzana, pero si hay otras deidades o energías que deseas que se unan al ritual, invítalas ahora. Da la bienvenida formalmente a los espíritus que entren en el espacio ritual y luego dirige tu atención hacia la manzana del altar. Coloca las manos sobre la manzana y dirígete a la diosa que hay en su interior con estos versos o con palabras propias:

¡Gran señora, gran diosa, gran madre de la tierra!
¡Gran dama de la belleza!
¡Gran diosa de la Compasión!
¡Madre tenaz y fuente de Inspiración!
Hoy he caminado contigo, y hoy tú has caminado conmigo.
¡Gracias, gentil Diosa,
por todas las cosas que me has ayudado a ver!

Dedica algún tiempo a reflexionar sobre los pensamientos y emociones que se agolpan en tu interior tras los acontecimientos del día. ¿Has aprendido algo de tus experiencias? ¿Sientes una mayor conexión con la divinidad femenina, con la tierra o con las criaturas de la tierra? ¿Has obtenido nuevos conocimientos sobre las energías de la diosa que has invocado? ¿Has realizado hoy alguna actividad o has practicado alguna cualidad de la Diosa que desees convertir en un hábito regular incluso después de haber finalizado el ritual? Piensa en lo que has hecho y en lo que has aprendido, y da las gracias a la Diosa por la experiencia.

Ahora, pregunta a la Diosa si tiene algún nuevo conocimiento que compartir. Con un *athame* ritual u otra hoja, corta la manzana por la mitad horizontalmente, de forma que puedas ver un corte transversal del núcleo. Observa cómo las semillas de la manzana están dispuestas en formación de estrella, y fija la mirada en este punto. Deja que tus ojos se relajen y parpadea con normalidad mientras te olvidas de lo que estás viendo delante de ti y comienza, en cambio, a tomar conciencia de lo que estás viendo en tu interior. A medida que tus pensamientos vagan, fíjate en las imágenes que emanan del ojo de tu mente. Presta atención a las visiones que te llegan; confía en lo que percibes e intenta ver más detalles en las imágenes que estás viendo dentro de tu cabeza. Cuando hayas terminado y tu mente vuelva a una conciencia ritual más «normal», reflexiona sobre las visiones recibidas, tal vez incluso escribiendo algunas notas al respecto si te conviene hacerlo.

Expresa tu agradecimiento una última vez, despídete de las energías presentes, abre el círculo si lo has trazado y cómete la fruta junto al altar para completar el ritual. Deja fuera los restos de manzana que queden sin terminar para que los animales puedan disfrutarlos.

Ritual para una pareja: fiesta nupcial

Muchos neopaganos piensan hoy en el Lughnasadh como «la fiesta nupcial de Lugh», una celebración del matrimonio del dios

Lugh (ampliamente concebido en los tiempos modernos como una deidad solar) con la diosa de la tierra, una idea a menudo entendida de forma simbólica y metafórica como la unión del sol con la tierra. ¿Por qué no celebrar el Lughnasadh con un ritual nupcial propio? Aquí tienes una idea para un ritual de fiesta nupcial destinado a ayudar a obtener protección para la tierra y su vegetación.

Se trata de un ritual físicamente íntimo diseñado para parejas, pero también lo pueden realizar grupos más grandes de varios ritualistas.

Propósito:

El propósito de este ritual es obtener protección mágica para la tierra, sus cultivos y su vegetación salvaje. También ayudará a los ritualistas a experimentar con algunos de los misterios más profundos del Lughnasadh.

Entorno:

De día o de noche, en algún lugar seguro, privado y cómodo, preferiblemente al aire libre.

Suministros:

- tierra y/o plantas
- copa
- vino tinto o agua
- cojines blandos (opcional)
- mantas (opcional)
- música (opcional)
- dos sillas (opcional).

Preparaciones previas al ritual:

Dedicad algún tiempo a pensar en el tejido interno de las distintas fuerzas de la naturaleza. ¿Cómo trabajan coordinados la tierra, el sol, los vientos y las lluvias para hacer crecer las cosechas? ¿Pueden crecer las plantas sin la tierra? ¿Pueden crecer las plantas sin el sol? El sol necesita a la tierra como medio a través del cual crear, y la tierra necesita al sol para activar sus potenciales internos de creación. Pensad en la interdependencia e interconexión de la tierra y el sol, la tierra y sus muchas plantas y criaturas y otras formas de vida. También tendréis que dedicar algo de tiempo a relajaros antes del ritual, quizá con un lento paseo por la naturaleza, escuchando vuestra música favorita, dándoos un baño ritual relajante, o con cualquier otra cosa que os convenga. Tenéis que sentiros cómodos, libres de preocupaciones y abiertos a la experiencia mágica; hacedlo con cualquier método que consideréis que os funciona mejor.

El ritual:

Comenzad eligiendo a una o varias personas para que representen a la tierra, los cultivos, y el planeta, y elegid a la persona o personas que asumirán el papel de Lugh, que podría verse como una representación del cielo o del sol. Si hay más de dos personas realizando el ritual, elegid a alguien que actúe como «líder» de cada grupo, uno para representar a la facción de la tierra y otro para representar a la facción del cielo/solar. Puedes ir vestido de cielo (desnudo) para este ritual (ya que es probable que acabe así, en cualquier caso), o puedes decidir ponerte un atuendo ritual para empezar, optando por tonos terrosos como marrones, verdes, azules, dorados o blancos.

Para empezar, preparad el espacio del ritual. Necesitaréis que sea cómodo y acogedor. Colocad cojines y mantas suaves en el espacio, o buscad un mullido trozo de hierba o un cómodo montón de hojas que os sirvan de zona ritual. Encended un incienso que se asocie con el amor, la divinidad y la pasión, como el jazmín o la mirra. Podéis poner algo de música para ayudar a crear el ambiente propicio para la magia. Si lo deseáis, trazad un círculo alrededor del espacio y preparaos para empezar.

La persona que representa a la tierra debe tumbarse en el centro del espacio ritual, con las palmas de las manos apoyadas en el suelo y el cuerpo dispuesto a convertirse en recíproco del espíritu de la tierra. Tendrá que sentir la energía de la tierra entrando en su cuerpo, conectando plenamente con sus propias energías. Después, visualizará el meridiano de energía que se extiende desde la parte superior de su cabeza hasta los pies, e imaginará que esta corriente energética está ligada a las energías que emanan de la tierra. Ahora tendrá que pensar en campos de cultivo, cosechas, tierra, plantas silvestres brotando de la tierra, y conjurar en el corazón un sentimiento maternal de fuerza y nutrición. Este sentimiento se proyectará entonces hacia el exterior, hacia la zona ritual, dejando tras de sí un espacio abierto en el corazón (una especie de puerta de luz) a través del cual entrará la Diosa. Mentalmente o en voz alta, la persona que representa a la tierra podría decir:

¡Gran madre de la tierra, Gran madre de la tierra,
gran madre de los cultivos y de las plantas y árboles silvestres!
¡Entra en mí ahora!
Soy tu recipiente; ¡entra en mí ahora!
¡Gran diosa! ¡Gran madre! ¡Tú eres la vida! ¡Tú eres la tierra!
¡Entra en mí ahora, gran diosa! ¡Entra en mí ahora, la tierra!
¡Gran diosa! ¡Gran madre!
¡Gran diosa de los cultivos y de las plantas y árboles silvestres!
¡Entra en mí ahora, madre mía! Entra en mí; ¡yo soy la tierra!

El otro ritualista o ritualistas pueden ayudar a facilitar la invocación frotando tierra o plantas sobre el cuerpo de la persona que se está llenando de este espíritu sagrado. Cuando la invocación haya tenido éxito y el ritualista se haya transformado de forma temporal en la diosa de la tierra, encarnación de la tierra y los cultivos y las cosas silvestres que crecen, pueden continuar descansando cómodamente, tomar asiento o elegir permanecer de pie; lo importante es «seguir en la zona» y no volver a la conciencia del yo habitual hasta que el ritual haya finalizado. Por esta razón, puede ser una buena idea tener un par de sillas especiales ya colocadas en la zona del ritual, para que sirvan de tronos para los invitados de honor (la Tierra y el Cielo) una vez que estos espíritus sean invocados en los cuerpos de los ritualistas.

A continuación, la persona que representa al sol y al cielo ocupa el centro del escenario. De pie, con una postura corporal abierta, los brazos levantados en V por encima de la cabeza y los pies separados a la altura de los hombros, la persona que invoca al cielo puede centrar su atención en lo alto, sintiendo el poder de la atmósfera, la fuerza del aire, del viento, del sol. Para esto puede ayudar desconectar el chakra raíz, el centro de energía que conecta los pies con la tierra de abajo. Tendrá que visualizar la energía de esta zona como un orbe resplandeciente de luz, y después dirigir conscientemente ese orbe de luz para que ascienda por su cuerpo hacia arriba, hasta que llegue a la parte superior de su cabeza, la ubicación del chakra de la corona que conecta la energía del cuerpo con la energía de los cielos y los reinos superiores. A medida que la energía se desplace a través de esa persona, la sentirá pasando por cada uno de los chakras principales a lo largo del camino; podría sentir la energía girando y ganando fuerza a medida que gira y se eleva más alto. Una vez que la energía se haya trasladado al chakra de la corona, tendrá que visualizar esta energía como un cordón que se extiende hacia arriba desde la parte superior de su cabeza para conectar con el sol y el cielo. Entonces, tendrá que decirse a sí mismo o afirmar en voz alta:

¡Gran padre del cielo,
gran dios del sol,
Gran protector de la diosa Madre Tierra!
¡Entra en mí ahora!
Soy tu recipiente; ¡ven a mí ahora!
¡Querido señor! ¡Querido padre!
¡Tú eres el guerrero del que dependemos!

¡Entra en mí ahora, gran dios!
¡Entra en mí ahora, gran padre del cielo,
gran dios del sol!
¡Gran dios! ¡Gran padre!
¡Gran protector de la diosa Madre Tierra!
¡Entra en mí ahora, padre mío!
Entra en mí; ¡yo soy el cielo!
Entra en mí; ¡yo soy el sol!
¡Entra en mí, gran dios del cielo!
¡Entra en mí y haznos uno!

El otro ritualista o ritualistas pueden ayudar en esta fase visualizando nubes blancas y esponjosas o vientos que giran suavemente rodeando a la persona que invoca el cielo. Una vez que la invocación haya tenido éxito, el Cielo ocupa su lugar junto a su pareja, la Tierra. La Tierra y el Cielo se miran a los ojos, y la Tierra ofrece al Cielo un trago de vino tinto o agua de una copa. La Tierra dice: «Bienvenido, Cielo». El Cielo bebe el líquido y devuelve la copa a la Tierra, diciendo: «Gracias, Tierra, y bienvenida».

La Tierra dice entonces: «Gran Cielo, tu protección es necesaria para salvaguardar mis frutos y mis flores. Prueba mi esencia y une tu fuerza a la mía».

La Tierra y el Cielo comparten un beso, y después el Cielo abraza a la Tierra y le dice: «Gran Tierra, ¡estoy unido a ti para siempre! Solo a través de ti puedo compartir mi fuerza, mi poder, ¡y te ofrezco mi esencia para que la utilices como quieras!»

Los dos continúan abrazándose, dejando que el abrazo se convierta en caricias y permitiendo que los besos y las caricias más fuertes fluyan de forma natural si ambos miembros de la pareja se sienten inclinados a ello. Si hay otras personas participando en el ritual y todo el mundo se siente cómodo, podéis disfrutar de un abrazo en grupo en este punto. Llevad las caricias tan lejos como cada uno desee y no más allá de la zona de confort de nadie. Dejad que la estimulación aumente tanto como queráis, ya que esta energía magnifica el poder mágico que ya está presente y también ayuda a forjar el vínculo entre el Cielo y la Tierra. Una vez que estéis preparados para que esta etapa del ritual llegue a su fin, elevad de nuevo la energía sexual a un nivel alto mientras el Cielo y la Tierra se abrazan y aprietan sus cuerpos con fuerza. Recitad:

La Tierra se une al Cielo y el Cielo se une a la Tierra.
Hemos forjado un pacto de amor y poder;
¡nuestro juramento no se romperá!.

A continuación, la Tierra y el Cielo caminan juntos de la mano en círculo alrededor del espacio ritual, recitando:

¡Protegidas están las cosechas!
¡Protegida está la tierra!
¡Protegidos están los árboles, las raíces, las hojas!
¡Protegidas están las cosas silvestres que crecen!
¡Protegidos están los brotes tiernos!
¡Protegidos están los frutos en flor!
¡Protegidas están las calabazas que maduran,
protegidas están las verduras!
¡Protegida está la abundante cosecha!
¡Protegida está la madre de la tierra!
¡Protegidos están los hijos del cielo y de la tierra!
Como nosotros lo queramos,
¡así será!
¡Se forja un pacto entre la tierra, el cielo y nosotros!

El ritual ha concluido. Despedid a los espíritus del cielo y de la tierra y a cualquier otro poder que hayáis invitado a unirse a vosotros en esta ceremonia mágica.

Breve ritual rápido: Pan y bendiciones

Como cualquier sabbat, el Lughnasadh puede ser una época muy ajetreada, con toda la planificación, la preparación, la cocina y demás que suele conllevar. Aquí tienes un ritual de Lughnasadh rápido y fácil que puedes hacer en tan solo un par de minutos para volver a centrarte y concentrarte en los significados más profundos de este día tan especial cada vez que el estrés amenace con agitar tu tranquilidad.

Propósito:

El propósito de este ritual es expresar gratitud por tus bendiciones y atraer una buena fortuna aún mayor, dejándote centrado, concentrado, relajado y listo para disfrutar de un sabbat maravilloso.

Entorno:

Al aire libre, a cualquier hora del día o de la noche.

Suministros:

- trozo de pan
- vaso de agua
- brújula (opcional).

Preparaciones previas al ritual:

Sacude tu cuerpo vigorosamente, moviendo los brazos y las piernas, la cabeza y el cuello. Esto te ayudará a liberar cualquier tensión persistente y te preparará para entrar en una mentalidad mágica. También tendrás que determinar los puntos cardinales, utilizando una brújula si es necesario para encontrar el norte, el sur, el este y el oeste.

El ritual:

Lleva el trozo de pan y el vaso de agua al exterior y mantente erguido, sosteniendo estos objetos en las manos. Piensa en lo que se siente al tener hambre y sed, y en lo mucho que ese trozo de pan y ese vaso de agua pueden significar cuando nos encontramos en un momento de necesidad. Piensa en las bendiciones de tu vida: la comida, el agua, los amigos y la familia, el sol y la tierra bajo tus pies. Parte el pan en cuatro trozos y, moviéndote en el sentido de las agujas del reloj, coloca un trozo en cada una de las cuatro direcciones: norte, este, sur y oeste.

Cada punto cardinal corresponde a uno de los cuatro elementos: el norte es la tierra, el este es el aire, el sur es el fuego y el oeste es el agua. Al colocar el pan en el cuadrante norte, expresa tu agradecimiento por las cosas buenas de la vida que asocias con el elemento de la tierra: la riqueza material, la seguridad, la estabilidad, la manifestación, los alimentos, la cosecha, el suelo, los cultivos y la vegetación silvestre. Cuando coloques el pan en el cuadrante este, expresa tu gratitud por las bendiciones que asocias con el elemento del aire: el cambio, el movimiento, la circulación, la respiración, la atmósfera, la fluidez, el pensamiento, la inteligencia y la acción consciente. Cuando coloques el pan en el cuadrante sur, expresa tu gratitud por la buena suerte que hayas tenido en áreas de tu vida que puedas asociar con el elemento del fuego: transformación, luz, calor, el sol, iluminación, energía y destrucción limpiadora. Al colocar el pan en el cuadrante del oeste, expresa tu agradecimiento por las bendiciones que asocias con el elemento del agua: el amor, la emoción, la vida, la sangre, las corrientes de creatividad y creación. Para concluir el ritual, gira una vez más por el círculo en el sentido de las agujas del reloj, esta vez virtiendo lentamente un círculo de agua del vaso mientras giras. A la vez que realizas esta última rotación, recita en voz alta o para ti mismo:

¡Doy las gracias a los poderes superiores!
¡A estos poderes, conectad los poderes de mi ser!
Así lo deseamos, ¡y así será!

Repite el canto durante el tiempo que tardes en dar la vuelta completa al círculo. Reserva un último sorbo de agua y bébetelo para concluir el ritual.

CORRESPONDENCIAS PARA EL LUGHNASADH

...nings, birth, renewal, rejuvenation, balance, fertility, chang...
...th, vernal equinox, sun enters Aries, Libra in the Sou...
...en Man, Amalthea, Aphrodite, Blodeuwedd, Eostre, E...
...Flora, Freya, Gaia, Guinevere, Persephone, Libera, A...
...t, Umay, Vila, Aengus MacOg, Cernunnos, Herma, The...
..., Mabon Osiris, Pan, Thor, abundance, growth, health, ca...
...aling, patience understanding virtue, spring, honor, contentm...
...abilities, spiritual truth, intuition, receptivity, love, inner se...
...ement, spiritual awareness, purification, childhood, innocence...
...creativity, communication, concentration, divination, harmo...
...ties, prosperity, attraction, blessings, happiness, luck, money...
...udance, visions, insight, family, wishes, celebrating life cy...
...hip, courage, attracts love, honesty, good health, emotions,...
...movement, influence, motivation, peace, rebirth, self preserva...
...ve power, freedom, optimism, new beginnings, vernal equino...
...tion, sun, apple blossom, columbine, crocus, daffodil, daisy,...
...honeysuckle, jasmine, jonquil, lilac, narcissus, orange blosso...
...e, rose, the fool, the magician, the priestess, justice, the sta...
...athering, growth, abundance, eggs, seeds, honey, dill, aspar...

Concentración espiritual y palabras clave

Abundancia
Bendiciones
Celebración
Cosecha
Discernimiento
Gratitud
Introspección
La necesidad y la inevitabilidad tanto de la vida como de la muerte
Reflexión
Sacrificio

Concentración mágica y acciones sugeridas

Abundancia
Crecimiento
Comunicarse con los muertos
Fuerza
Gratitud
Hacer ofrendas a cambio de bendiciones
Honrar a los antepasados
Momento excelente para la magia centrada en la prosperidad
Protección
Transformación personal

Los pozos sagrados, las cimas de las colinas y los cementerios son lugares ideales para las labores de magia. También es un momento estupendo para recolectar hierbas silvestres y fabricar nuevas herramientas para trabajar con la magia.

Momentos astrológicos y planetas asociados

Punto medio astronómico entre el solsticio de verano y el equinoccio de otoño; con el sol a 15 grados de Leo en el hemisferio norte y el sol a 15 grados de Acuario en el hemisferio sur. Algunos paganos cronometran el sabbat de forma astronómica, mientras que otros lo celebran el 1 de agosto, comenzando normalmente con la puesta de sol del 31 de julio y terminando con la puesta de sol del día siguiente. Otros paganos lo celebran el 5 de agosto, que se llama «Viejo Lammas» o «Lammas a la antigua». Y otros programan el sabbat de acuerdo con las señales de la naturaleza, celebrándolo cuando las bayas silvestres han madurado, o cuando los primeros cultivos están listos para ser cosechados.

Arquetipos

FEMENINOS
Diosa de la tierra
Diosa del agua
Diosa madre
El espíritu de la tierra
La criadora
La madre abnegada
La madre agotada
La madre embarazada
La reina establecida
Ninfas de los árboles
Ninfas del agua

MASCULINOS
Dios de la tierra
Dios padre
Dios solar
El dios sacrificial
El dios moribundo
El espíritu de la vegetación
El guerrero
El protector
El rey recién coronado

Deidades y héroes

DIOSAS
Tailtiu (celta)
Isis (egipcia)
Dríadas (griega)
Deméter (griega)
Core (griega)
Luannotar (finlandesa)
Némesis (griega)
Ops (romana)
Hathor (egipcia)
Hécate (griega)
Diana (romana)
Pomona (romana)
Juturna (romana)
Stata Mater (romana)
Danu (celta)
Artemisa (griega)

DIOSES
Osiris (egipcio)
Lugh (celta)

Ganesha Chaturthi (hindú)
Xiuhtecuhtli (azteca)
Consus (romano)
Thor (nórdico)
Vulcano (romano)
Thoth (egipcio)
Loki (nórdico)
Vertumnus (romano)
Apolo (romano)
Ragbod (nórdico)

Colores

Amarillo: Energías solares, felicidad, transformación.
Dorado: Iluminación, éxito, poder divino, cosecha.
Marrón: Energías de la tierra, fuerza, protección, riqueza, animales.
Verde: Abundancia, prosperidad, fertilidad, crecimiento, riqueza, vida, salud, vegetación.

Hierbas

Ajo: Protección, fuerza, defensa, purificación, valor.
Albahaca: Protección, suerte, amor, riqueza, abundancia, percepción psíquica.
Arándano: Protección, curación, abundancia, amistad, amor.
Hinojo: Purificación, defensa, valor, protección, claridad.
Laurel: Victoria, protección, atadura, poder psíquico, prosperidad, comunicación con los espíritus, magia de los sueños.
Pimienta de Jamaica: Dinero, riqueza, prosperidad, suerte, fuerza, tenacidad, poder mágico.
Romero: Energías solares, curación, protección, amistad, paz, cooperación, amor, abundancia.
Zarzamora: Protección, atadura, defensa, abundancia, fuerza, pasión.

Árboles

Acebo: Protección, defensa, atadura, fuerza, tenacidad, suerte, poder mágico, abundancia.

Avellano: Percepción psíquica, sabiduría, claridad, amor, creatividad, fertilidad, suerte, protección, poder mágico.

Manzano: Energías de la Diosa, abundancia, amor, pasión, fuerza, comunicación con los muertos, belleza.

Roble: Poder mágico, fertilidad, fuerza, protección, suerte, amor, energías solares, valor, vitalidad.

Flores

Aciano: Fertilidad, abundancia, poder psíquico, amistad, paz, suerte.

Amapola: Percepción psíquica, poder mágico, protección, magia de los sueños, suerte, comunicación con los espíritus.

Áster: Amor, suerte, esperanza, amistad, poder psíquico.

Caléndula: Energías solares, poder psíquico, poder mágico, suerte, protección, abundancia, fertilidad, vitalidad.

Girasol: Energías solares, alegría, paz, amistad, cooperación.

Rosa: Amor, defensa, poder mágico, protección, atadura.

Cristales y piedras

Citrino: Energías solares, alegría, fuerza, vitalidad, purificación.

Cornalina: Fuerza, amor, valor, calma, curación.

Cuarzo: Poder psíquico, poder mágico, suerte, crecimiento.

Ónice: Protección, defensa, atadura, determinación.

Topacio: Calma, visión clara, percepción psíquica, confianza.

Metales

Azófar: Energías solares, protección, prosperidad, curación.

Oro: Éxito, protección, riqueza, salud, lujuria, pasión, valor, fuerza, energías solares.

Animales, tótems y criaturas míticas

Águila: Claridad, sabiduría, energía, justicia, fuerza, poder mental y espiritual.

Ardilla: Energías de la tierra, fertilidad, abundancia, amor, suerte.

Ciervo: Energías solares, energías de la tierra, magnetismo personal, fertilidad, abundancia, fuerza.

León: Fuerza, victoria, valor, determinación, defensa, protección, poder físico, éxito.

Perro: Amistad, tenacidad, comunidad, guardián del inframundo.

Aromas para aceites, inciensos, mezclas de aromas o para hacer que floten en el aire

Caléndula
Canela
Manzana
Mora
Pachuli

Claves del tarot

Cuatro de Bastos
Diez de Pentáculos
El Sol
Fuerza
Justicia
Rueda de la Fortuna
Siete de Pentáculos

Símbolos y herramientas:

Cornucopia: Abundancia, la cosecha.

Cruz de serbal: Energías solares, suerte, protección.

Muñeca de maíz: Cosechas recolectadas.

Pentáculo: Energías de la tierra, prosperidad, protección.

Comidas

Bayas
Calabaza
Cereales
Frutos secos
Maíz
Manzanas
Pan
Patatas

Bebidas

Hidromiel
Sidra de manzana
Vino.

Actividades y tradiciones para practicar

Banquetes
Celebrar el éxito
Competiciones
Comunicación con los muertos
Encuentros
Expresar gratitud
Ferias comunitarias
Juegos
Magia de la abundancia
Magia de la protección
Ofrendas a dioses y antepasados
Recolección de cosechas o hierbas silvestres
Reflexión e introspección
Reuniones
Sacrificio

Actos de servicio

Arreglar cementerios descuidados.
Ayudar en un huerto comunitario.
Compartir alimentos y otras necesidades con los necesitados.
Hacer trabajos de jardinería para vecinos ancianos.
Ofrecer oportunidades sociales a los que están solos o aislados.
Ofrecer tiempo y energía para ayudar a otra persona a aliviar sus cargas o aligerar su volumen de trabajo.

Nombres alternativos del Lughnasadh en otras tradiciones paganas

Lugnasadh (gaélico irlandés, «Asamblea de Lugh»)
Bron-Trogain (gaélico irlandés, «Hacer brotar [los frutos de] la tierra»)
Lunasda (gaélico escocés)
Lúnasa (gaélico irlandés)
Lunasdal (gaélico escocés)
Luanistyn (gaélico manés)
Gwyl Awst (galés, «Fiesta de Augusto»)
Lammas (anglosajón, «Misa del pan»)
Hlafmaess (anglosajón, «Misa del pan»)
Freyfaxi (pagano)
Hlafmaest (nórdico)

Festividades o tradiciones que ocurren durante el Lughnasadh en el hemisferio norte:

Religiosas
Festival de los Fantasmas (chino, agosto, fechas variables según el calendario lunar)
Festival de las dríadas (griego, 1-3 de agosto)
Nemoralia (romano, 13-15 de agosto)
Lammas (anglosajón, 1 de agosto)

Tisha B'Av (judío, julio o agosto, fechas variables según el calendario lunar)
Día de la Asunción (cristiano, 15 de agosto)

PROFANAS
Día Nacional de la Aviación (Estados Unidos, 19 de agosto)
Día de las Personas Mayores (Estados Unidos, 21 de agosto)

Festividades o tradiciones que ocurren durante el Lughnasadh en el hemisferio sur:

RELIGIOSAS
Fiesta de Santa Brígida de Kildare (católica, 1 de febrero)
La Candelaria, también conocida como la Presentación de Jesús en el Templo (católica, 2 de febrero)
Celebración de Yemanja (Candomblé, Brasil, 2 de febrero)
Día del Nirvana (budista mahayana, 8 y 15 de febrero)
Lupercalia/Día de Pan (15 de febrero)

PROFANAS
Día de Australia (Australia, 26 de enero)
Día Internacional en Memoria de las Víctimas del Holocausto (27 de enero)
Día Mundial de los Humedales (internacional, 2 de febrero)
Día de San Valentín (14 de febrero)
Año Nuevo Chino (varía, de finales de enero a mediados de febrero)

BIBLIOGRAFÍA

«About Timoleague, West Cork». http://www.timoleague.ie/.

Addis, William E. and Thomas Arnold. *A Catholic Dictionary*. 1884. Reedición, Google Books, 2007.

ADF.org. «Lughnassadh Rituals». Accedido el 14 de marzo de 2014, https://www.adf.org/rituals/celtic/lughnassadh.

Artisson, Robin. «The Differences in Traditional Witchcraft and Neo-Pagan Witchcraft, or Wicca». Accedido el 20 de marzo de 2014, http://www.paganlore.com/witchcraft_vs_wicca.aspx.

Asatru Alliance. «Runic Era Calendar». Accedido el 20 de diciembre de 2013, http://www.asatru.org/holidays.php.

Associated Newspapers, Ltd. *The Complete Book of Fortune*. 1936. Reimpresión. Nueva York: Crescent Books, 1990.

Austin, Alfredo López and Leonardo López Lujan. *Mexico's Indigenous Past*. 1996. Reimpresión, traducción al inglés, Bernard R. Ortiz de Montellano, traductor. Norman, Oklahoma: University of Oklahoma Press, 2001.

BeliefNet. «Celebrating First Harvest». Accedido el 1 de marzo de 2014, http://www.beliefnet.com/Faiths/Pagan-and-Earth-Based/2001/08/Celebrating-First-Harvest.aspx.

Biblehub.com. «Matthew 26:26». Accedido el 1 de marzo de 2014, http://biblehub.com/matthew/26-26.htm.

Binney, Ruth. *Wise Words and Country Ways: Weather Lore*. Capítulo 6, «Feast and Festival». Nueva York: F & W Media, Inc., 2012.

Buckland, Raymond: *Buckland's Book of Saxon Witchcraft*. York Beach, Maine: Weiser, 2005.

Calendar Customs. «Eastbourne Lammas Festival». Accedido el 20 de marzo de 2014, http://calendarcustoms.com/articles/eastbourne-lammas-festival/.

Carmicheal, Alexander. *Carmina Gadelica: Hymns and Incantations, Volume 1*. Edimburgo, Reino Unido: T. and A. Constable. Accedido el 15 de enero de 2014, http://www.sacred-texts.com/neu/celt/cg1/cg1083.htm#page_198.

Circle Sanctuary. «Green Spirit 2014». Accedido el 20 de marzo de 2014, https://www.circlesanctuary.org/index.php/our-events/festivals/green-spirit.

Conway, D. J. *Moon Magick*. St. Paul, Minnesota: Llewellyn Publications, 1995.

Cooke, Michelle. «The Green Corn Ceremony of the South-eastern Indians.» *The Journal of Chickasaw History and Culture*, volumen 14, n.º 3, primavera de 2013.

Craigie, Sir William Alexander. *The Religion of Ancient Scandinavia*. Londres: Archibald, Constable and Co., 1906.

Cunningham, Scott. *Cunningham's Encyclopedia of Wicca in the Kitchen*. 1990. Reimpresión, tercera edición, St. Paul, Minnesota: Llewellyn Publications, 2003.

Cunningham, Scott. *The Complete Book of Incense, Oils, and Brews*. St. Paul, Minnesota: Llewellyn Publications, 1996.

Cybercauldron. «Lughnasadh and Lammas». Accedido el 20 de marzo de 2014, http://www.cybercauldron.co.uk/lughnasadh-and-lammas.

DragonOak. «Magical Properties of Wood and Tree Magic». Wiccan Altar. 29 de mayo de 2011. Accedido el 1 de marzo de 2014, http://www.wiccanaltar.info/Magical-Properties-of-Wood-and-Magic-Trees.html.

Dunwoody, H. H. C. *Weather Proverbs*. United States of America, War Department, Signal Service Notes, Number IX. Washington, DC: Government Printing Office, 1833. Reedición, Google Books, 2009.

«Eastbourne Lammas Festival». Accedido el 20 de marzo de 2014, http://www.lammasfest.org/.

Eaton, William M. *Odyssey of the Pueblo Indians: An Introduction to Pueblo Indian Petroglyphs, Pictographs, and Kiva Art Murals in the Southwest*. Paducah, Kentucky: Turner Publishing Company, 1999.

Fife Council. «Lammas Market». Accedido el 20 de marzo de 2014, http://www.fife.gov.uk/whatson/index.cfm?fuseaction=whatson. display&id=625DA901-B029-DDC2-C92E6087972CFE1F.

Futrell, Alison. *Blood in the Arena: The Spectacle of Roman Power.* Austin, Texas: University of Texas Press, 1997.

Gemstone Diva. «Healing and Magickal Properties of Metals». Accedido el 20 de marzo de 2014, http://www.gemstonedeva. com/metals.php.

Gomme, G. Lawerence. «Lammas Tide». *The Antiquary*, volumen VI, agosto de 1882. Reedición, Google Books, 2006.

Groom, Nick. *The Seasons: An Elegy for the Passing of the Year.* Londres: Atlantic Books, 2013.

Guthrie, Ellen Emma. *Old Scottish Customs, Local and General.* Londres: Hamilton, Adams, and Co., 1885. Reedición, Google Books, 2007.

Harmony Tribe. «Sacred Harvest Festival». Accedido el 20 de marzo de 2014, http://harmonytribe.org/content/ sacred-harvest-festival.

Harvestfestivals.net. «Harvest Festivals from Around the World», «Native American Harvest Festival». Accedido el 14 de marzo de 2014, http://www.harvestfestivals.net/nativeamericanfestivals. htm.

Heathen Temple. «It Is Freyfaxi to Some». Accedido el 1 de marzo de 2014, http://heathentemple.tumblr.com/post/28501225871/it-is-freyfaxi-to-some.

Horne, Thomas Hartwell. *An Introduction to the Critical Study and Knowledge of the Holy Scriptures, volume III*. Londres: Longmans, Green, and Co., 1872. Reedición, Google Books, 2007.

Hutton, Ronald. *The Stations of the Sun: A History of the Ritual Year in Britain*. Nueva York: Oxford University Press, 1996.

IITA: Research to Nourish Africa, R4D Review. «Yam Festival». 8 de abril de 2010. Accedido el 5 de febrero de 2014, http://r4dreview.org/2010/04/yam-festival/.

Iowa Lammasfest. Accedido el 20 de marzo de 2014, http://www.lammasfest.us/home.php.

Ivanits, Linda J. *Russian Folk Beliefs*. 1989. Reedición, Nueva York: M.E. Sharpe, 1992.

Joyce, Patrick Weston. *A Social History of Ancient Ireland, Volume II*. Londres, Nueva York y Bombay: Longmans, Green, and Company, 1903.

Knowlson, T. Sharper. *The Origins of Popular Superstitions and Customs*. Capítulo 21 «Lammas Day». Londres: T. Werner Laurie Ltd., 1910, Accedido el 14 de febrero de 2014, http://www.sacred-texts.com/neu/eng/osc/osc24.htm.

Lamont-Brown, Raymond y Frank G. Riddell. «A (Very) Brief History of St. Andrews». Accedido el 20 de marzo de 2014, http://www.saint-andrews.co.uk/CC/History.htm

Lipkowitz, Ina. *Words to Eat By: Five Foods and the Culinary History of the English Language.* Nueva York: St. Martin's Press, 2011.

MacNeill, Mary. *The Festival of Lughnasa.* Londres: Oxford University Press, 1962.

Mazama, Ama. «Harvest Festivals»: *Encyclopedia of African Religion, Volume 1.* Molefi Kete Asante y Ama Mazama, editores. Thousand Oaks, California: Sage Publications, Inc., 2009.

O'Curry, Eugene y William Kirby Sullivan, doctor y editor. *On the Manners and Customs of the Ancient Irish: A Series of Lectures by the Late Eugene O'Curry.* 1873. Reedición. Google Books.

Petch, Alison. «Harvest Trophies». England: The Other Within. Accedido el 30 de marzo de 2014, http://england.prm.ox.ac.uk/englishness-harvest-trophies.html.

Pruen, Thomas. *An Illustration of the Liturgy of the Church of England.* Londres: Rivington, 1820. Reedición. Google Books, 2011.

Rainbow Gryphon. «Lughnasadh/Lammas». Accedido el 11 de marzo de 2014, http://www.rainbowgryphon.com/spirituality/lughnasadh-lammas/.

Rhys, Sir John. «All Around the Wreckin». *Y Cymmrodor, Volume XXI.* London: Society of Cymmrodorion, 1908. Accedido el 14 de marzo de 2014, https://archive.org/details/ycymmrodor-21cymmuoft.

Roy, Christian. *Traditional Festivals: A Multicultural Encyclopedia, Volume I.* Santa Barbara, California: ABC-CLIO, Inc., 2005.

Santo Domingo Pueblo. «Feast Day»: Accedido el 20 de marzo de 2014, http://www.santodomingotribe.com/feastday-3/.

Shannon Heritage. «Lughnasa Festival». Accessed March 20, 2014, http://www.shannonheritage.com/Events/AnnualEvents/LughnasaFestival/.

«St. Andrews Merchants Association Chief Says Lammas Market May Have to Move». *The Courier*, 15 de agosto de 2012. Accedido el 20 de marzo de 2014, http://www.thecourier.co.uk/news/local/fife/st-andrews-merchants-association-chief-says-lammas-market-may-have-to-move-1.36261.

Swainson, Charles. *A Handbook of Weather Folk-lore*. Edimburgo, Londres: William Blackwood and Sons, 1873. Reedición. Google Books, 2009.

Takács, Sarolta A. *Vestal Virgins, Sibyls, and Matrons: Women in Roman Religion*. Austin, Texas: University of Texas Press, 2008.

Talcroft, Barbara L. *Death of the Corn King: King and Goddess in Rosemary Sutcliff's Historical Fiction for Young Adults*. Metuchen y Londres: The Scarecrow Press, Inc., 1995.

The CR FAQ. «What do you do for Lunasa?». Accedido el 1 de marzo de 2014, http://www.paganachd.com/faq/ritual.html#lunasa.

The Frank C. Brown Collection of North Carolina Folk-lore. *Volume VII: Popular Beliefs and Superstitions from North Carolina, Part 2*. Durham, Carolina del Norte: Duke University Press, 1964.

The Magickal Cat. «Herbal Grimoire». Accedido el 1 de marzo de 2014, http://www.themagickalcat.com/Articles.asp?ID=242.

Theoi Greek Mythology. «Dryads and Oreiades». Accedido el 20 de marzo de 2014, http://www.theoi.com/Nymphe/Dryads. html.

The Pagan Journey. «Lughnasadh». Accedido el 2 de abril de 2014, http://thepaganjourney.weebly.com/lughnasadh-aug-1july-31.html.

Thompson, Chris. «Notes on the Festival of Lughnasagh». Story Archeology. Accedido el 16 de enero de 2014, http://storyar-chaeology.com/2012/12/10/notes-on-the-festival-of-lughnasagh/.

TimeandDate.com. Holidays and Observances in United States in 2014». Accedido el 20 de marzo de 2014, http://www.timean-ddate.com/holidays/us/.

Town and Country Gardens. «August Weather Lore». Accedido el 20 de marzo de 2014, http://townandcountrygardens.blogspot. com/2008/01/august-weather-lore.html.

Traditionalwitch.net. «Lughnasadh». Accedido el 14 de marzo de 2014, http://www.traditionalwitch.net/_/esoterica/ festivals-sabbats/lughnasadh-r34.

«Tullamore Show». Accedido el 20 de marzo de 2014,http://tulla-moreshow.com/.

Visit Eastbourne. «Lammas Festival at Western Lawns». Acce-dido el 20 de marzo de 2014, http://www.visiteastbourne.com/ E a s t b o u r n e - L a m m a s - F e s t i v a l / details/?dms=3&feature=1&venue=3414532.

WGNS Radio. «Folklore Winter Forecast». 1 de marzo de 2012. Accedido el 20 de marzo de 2014, http://wgnsradio. com/2011-2012-folklore-winter-forecast-cms-4009.

Wicca Spirituality. «Lammas: Divine Teamwork»: Accedido el 1 de marzo de 2014, http://www.wicca-spirituality.com/lammas-1.html.

Witch in the Valley. «Happy Lughnasadh!». Accedido el 20 de marzo de 2014, http://witchinthevalley.com/2013/08/01/happy-lughnasadh/.

MÁS LECTURAS

Blake, Deborah. *Everyday Witch Book of Rituals*. Woodbury, Minnesota: Llewellyn, 2012.

Cunningham, Scott. *Living Wicca: A Further Guide for the Solitary Practitioner*. St. Paul, Minnesota: Llewellyn, 1993.

Dugan, Ellen. *Seasons of Witchery: Celebrating the Sabbats with the Garden Witch*. Woodbury, Minnesota: Llewellyn, 2012.

Frazer, Sir James George. *The Golden Bough*. 1922. Reimpresión, Nueva York: Bartleby.com, 2000. Accedido el 20 de diciembre de 2013, http://www.bartleby.com/196/.

Hutton, Ronald. *The Stations of the Sun: A History of the Ritual Year in Britain*. Nueva York: Oxford University Press, 1996.

Hyde, Douglas. A Literary History of Ireland from Earliest Times to the Present Day. 1906. Reimpresión, Google ebooks, 2010.

Llewellyn. *Llewellyn's 2009–2010 Sabbats Almanac.* Woodbury, Minnesota: Llewellyn Worldwide, 2009.

———. *Llewellyn's 2010–2011 Sabbats Almanac.* Woodbury, Minnesota: Llewellyn Worldwide, 2010.

———. *Llewellyn's 2011–2012 Sabbats Almanac.* Woodbury, Minnesota: Llewellyn Worldwide, 2012.

———. *Llewellyn's 2012–2013 Sabbats Almanac.* Woodbury, Minnesota: Llewellyn Worldwide, 2012.

———. *Llewellyn's 2013–2014 Sabbats Almanac.* Woodbury, Minnesota: Llewellyn Worldwide, 2013.

MacLeod, Sharon Paice. *Celtic Myth and Religion: A Study of Traditional Belief, with Newly Translated Prayers, Poems, and Songs.* Jefferson, Misuri: McFarland and Company, 2012.